Arn Strohmeyer

Falsche Loyalitäten

Bibliografische Information der Deutschen Bibliothek:
Die Deutsche Bibliothek verzeichnet diese Publikation
in der Deutschen Nationalbibliografie.
Detaillierte bibliografische Daten sind im Internet über
http://dnb.ddb.de abrufbar.

Coverfoto: shutterstock.com
Umschlaggestaltung: Gisela Scheubmayr

Druck: CPI – Clausen & Bosse, Leck
Printed in Germany
ISBN: 978-3-85371-507-9

Fordern Sie die Kataloge unseres Verlags an:
Promedia Verlag
E-Mail: promedia@mediashop.at
Web: www.mediashop.at
www.verlag-promedia.de

Arn Strohmeyer

Falsche Loyalitäten

Israel, der Holocaust und
die deutsche Erinnerungspolitik

PROMEDIA

Über den Autor

Arn Strohmeyer, geboren 1942 in Berlin, hat Philosophie, Soziologie und Slawistik studiert. Neben seiner journalistischen Tätigkeit beschäftigt er sich seit Jahren mit der kritischen Aufarbeitung der NS-Zeit, dem Nahen Osten sowie Griechenland (speziell Kreta). Strohmeyer lebt und arbeitet als Schriftsteller in Bremen (arnstrohmeyer.de).

Inhalt

Vorwort

> Es ist zu wünschen, dass Auschwitz für immer ein schwarzes Loch für den menschlichen Verstand bleibt und zwar nicht, weil es außerhalb der Geschichte stünde, sondern weil wir ethisch darauf beharren, seine Möglichkeit nicht annehmen zu wollen.
>
> *Jean-Michel Chaumont (belgischer Historiker und Soziologe)*

> Die edelste Geste gegenüber jenen, die [im Holocaust] umgekommen sind, besteht darin, ihr Andenken zu bewahren, aus ihren Leiden zu lernen und sie endlich in Frieden ruhen zu lassen.
>
> *Norman G. Finkelstein (amerikanischer Politologe)*

Das deutsche Erinnern an den Holocaust ist in die Kritik geraten – und das ausgerechnet und vornehmlich von Juden. So spricht etwa der jüdische Publizist Max Czollek verächtlich von »Gedächtnistheater«.[1] Eine solche Entwicklung des Diskurses ist eigentlich ein Paradox, der Grund für dieses erstaunliche Phänomen ist aber, dass die deutsche politische Elite das Holocaust-Erinnern in eine Sackgasse manövriert hat, aus der es ganz offensichtlich keinen Ausweg gibt. Das Dilemma lässt sich auch nicht auf die Weise lösen, indem man den Kritikern einfach Antisemitismus vorwirft, weil es sich bei sehr vielen Opponenten um Juden handelt. Die Situation ist also ziemlich verfahren. Man kann auch sagen: Die deutsche Erinnerungspolitik, so wie sie sich heute darstellt – ist gescheitert. Man will und kann es nur nicht zugeben.

Um das deutsche Holocaust-Erinnern ist ein neuer Historiker-Streit entbrannt, dessen Protagonist ein Australier deutscher Herkunft ist: A. Dirk Moses. Er spricht von einem *Katechismus*, den die deutsche Politik und ihr Erinnern in Bezug auf das Mega-Verbrechen der Nazis entwickelt haben, wobei dieses Gedenken nur im Zusammenhang mit dem sehr engen, ja fast symbiotischen Verhältnis Deutschlands zu Israel zu sehen sei. Dieser *Katechismus* habe sich durch die politischen Veränderungen der letzten Jahre überholt, sei nicht mehr nützlich, weil er voller Widersprüche wäre und obendrein die demokratischen Freiheiten gefährde. Er solle deshalb abgeschafft werden.

Worin besteht dieser deutsche *Katechismus*, den Moses in den Diskurs einbringt? Eigentlich gibt es zwei deutsche Katechismen den Holocaust betreffend. Das erste Dogma, das in der Adenauer-Zeit formuliert wurde, besagte: Der Massenmord an den europäischen Juden war das Werk einer kleinen Clique um Adolf Hitler. Er war ein »historisches Unglück«, ein »Ausrutscher« in der ansonsten makellosen deutschen Geschichte. Auf diese Weise wollte man sich selbst, die Masse des Volkes und natürlich auch die Täter, von denen sehr viele im jungen westdeutschen Staat wieder in Amt und Würden waren, entschulden. Außerdem verfolgte man so die Absicht, auch die nationalen Werte wie Ehre und Tradition wiederherzustellen.

Ralph Giordano hat diesen Vorgang mit Recht als die »zweite Schuld« bezeichnet. Dass die Aussagen dieses ersten deutschen *Katechismus* bewusste Fehlinformationen, ja glatte Lügen waren, haben Historiker sehr bald belegen können: Der Holocaust wurde nicht von wenigen Eingeweihten begangen, sondern es waren Hunderttausende, wenn nicht Millionen Deutsche (Zivilisten wie Angehörige der verschiedenen Militär- und Polizeieinheiten) nötig, um die Infrastruktur und die Durchführung der Vernichtung aufzubauen und zu vollziehen. Es versteht sich von selbst, dass die Verteidiger dieses *Katechismus* einen »Schlussstrich« unter die NS-Zeit ziehen und sein furchtbares Erbe zu den Akten legen wollten. Aufklärung war also oft gar nicht gewollt und gefragt. Soldaten, die am Vernichtungskrieg in der Sowjetunion und am Holocaust teilgenommen hatten, waren traumatisiert und schwiegen über das Erlebte. In der Bevölkerung kursierte der Mythos, dass die Deutschen eigentlich die Opfer seien – durch die Irreführung der NS-Propaganda, die Bombenangriffe der Alliierten und die Vertreibungen. Zudem wehrte man sich gegen eine Auseinandersetzung mit der Vergangenheit auch aus dem Grund, weil man sie als von den Siegern aufgezwungen ansah. Man nannte das »Umerziehung«.

Eine Aufarbeitung der NS-Zeit und besonders des Holocaust begann in Deutschland im Grunde erst mit dem Eichmann-Prozess in Jerusalem und den Auschwitz-Prozessen in den 1960er Jahren in Frankfurt. Auch die Studenten der 68er-Rebellion hatten ihren Anteil an diesem Vorgang. Ihr Protest richtete sich gegen die Vätergeneration, die die Verbrechen begangen hatte. Der zweite *Katechismus*, der von der politischen Elite ab dem Ende der 1960er Jahre entwickelt wurde und der in seinen Grundzügen bis heute gültig ist, stellt die »Wiedergutmachung« und damit das enge Verhältnis zum 1948 entstandenen Staat Israel in den Mittelpunkt seiner politischen Aussagen. Sie lauten kurzgefasst folgendermaßen: Die drückende Schuld, die die NS-Vergangenheit mit ihren Verbrechen verursacht hat, suchte nach seelischer Entlastung. Man meinte diese erreichen zu können, indem die politische Elite sich nach 1945 umgehend zum Philosemitismus bekannte. Die Sühne für den Holocaust glaubte sie zudem dadurch leisten zu können, indem sie sich vorbehaltlos hinter Israel stellte, den zionistischen Siedlerstaat bedingungslos unterstützte und zu den Verbrechen dieses Unternehmens schwieg. Was bedeutete, dass man ständig die »gemeinsamen Werte« betonte, auf denen das gegenseitige Verhältnis beruhen sollte.

Problematisch an diesem Verhalten war und ist auch, dass die deutsche Politik und der Großteil der deutschen Bevölkerung die zionistische Version der Geschichte Palästinas als historische Wahrheit weitgehend übernommen hat, ohne zu sehen, dass es sich dabei um Mythen handelt, die die Ansprüche und Rechte der Palästinenser abwerten und delegitimieren. Diese Identifizierung mit der israelischen Sicht der Geschichte verhindert, dass Deutschland sich in sinnvoller, das heißt realistischer Weise in den Konflikt einbringen kann.

Die Widersprüche im deutsch-israelischen Verhältnis lagen also von Anfang an offen zu Tage und zwangen zu einer großen gegenseitigen Unaufrichtigkeit, denn mit ihrer bedingungslosen Unterstützung dieses Staates machte sich die deutsche Politik zum Verbündeten, ja zum Komplizen der brutalen und völkerrechtswidrigen Unterdrückung des palästinensischen Volkes, die kolonialistischen Charakter hat. Was auch in diametralem Gegensatz zu der eigentlich aus dem Holocaust folgenden Verpflichtung steht: der Durchsetzung und dem Einhalten der Menschenrechte und des Völkerrechts absoluten Vorrang einzuräumen. Das Dilemma, in das der deutsche *Katechismus* geführt hat, ist also ganz offensichtlich. Um aber jede Kritik daran abzuwehren, wird die schärfste Waffe eingesetzt, die zur Verfügung steht: der Antisemitismus-Vorwurf.

Dieser *Katechismus* wird aber zunehmend in Frage gestellt. Der Australier A. Dirk Moses, der den Begriff des *Katechismus* geprägt hat und damit die deutsche Israel-Ideologie von einer fast religiösen Aura bestimmt sieht, hat die Aussagen des deutschen Holocaust-Dogmas so formuliert:

1. »Der Holocaust ist einzigartig, da er die uneingeschränkte *Vernichtung von Juden um deren Vernichtung willen* im

Unterschied zu den pragmatischen und begrenzten Zielen, um derentwillen andere Genozide unternommen wurden, [vorsah], hier versuchte ein Staat zum ersten Mal in der Geschichte ein Volk ausschließlich aus ideologischen Gründen auszulöschen.
2. Da er die zwischenmenschliche Solidarität beispiellos zerstörte, bildet die Erinnerung an den Holocaust als Zivilisationsbruch das moralische Fundament der deutschen Nation, oft gar der europäischen Zivilisation.
3. Deutschland trägt für die Juden in Deutschland eine besondere Verantwortung und ist Israel zu besonderer Loyalität verpflichtet: ›*Die Sicherheit Israels ist Teil der Staatsräson unseres Landes.*‹
4. Der Antisemitismus ist ein Vorurteil und Ideologem *sui generis* und er war ein spezifisch deutsches Phänomen. Er sollte nicht mit Rassismus verwechselt werden.
5. Antizionismus ist Antisemitismus.«[2]

Diese fünf Punkte sind einerseits in die Kritik geraten und werden international intensiv diskutiert, auf der anderen Seite werden sie von den Gralshütern der Israel-Ideologie mit Vehemenz und auch sehr unfairen Mitteln verteidigt. Ich schließe mich der Kritik von Dirk Moses an und hinterfrage in dem vorliegenden Text den zweifelhaften *Katechismus* und kann dabei im Besonderen an jüdische Autoren anknüpfen, die in der Vergangenheit diese Problematik immer wieder angesprochen haben. Ihre Ausführungen belegen, dass die offizielle deutsche Position keinesfalls ohne Alternative und nicht jeder Widerspruch gleich antisemitisch ist.

So hat der deutsch-jüdische Tübinger Philosoph Ernst Tugendhat schon 1991 ein überzeugendes und immer noch gültiges psychologisches Erklärungsmodell für das deutsch-israelische Verhältnis angeboten. Er geht davon aus, dass die Schuldgefühle der Deutschen noch sehr groß und noch keineswegs rational aufgearbeitet sind. Das verschaffe der israelischen Regierung aber die Möglichkeit, »auf diesem irrationalen Schuldgefühl der Deutschen virtuos wie auf einem Klavier zu spielen«. Erst wenn die Schuld rational aufgearbeitet sei, bestehe keine Notwendigkeit mehr, sich den auch irrationalen Wünschen der anderen zu unterwerfen. Der Handelnde behalte dann sein autonomes Handlungsvermögen. Die Frage laute dann: Wie kann ich dem anderen helfen? Wo liegen seine Interessen? Diesen Zustand haben die deutsch-israelischen Beziehungen noch nicht erreicht.[3]

Die aus dem Schuldbewusstsein herrührenden Abwehrmechanismen sind bei den deutschen Israel-Freunden und -verteidigern aber offensichtlich noch so stark und übermächtig, dass ein Umdenken fast unmöglich erscheint. Dazu kommt, dass die Mainstream-Medien – öffentlich-rechtliche wie auch private – alles tun, die Aussagen des *Katechismus* am Leben zu erhalten. Dennoch muss an den Toren dieser ideologischen Festung gründlich gerüttelt werden. Dass dieses Bollwerk eines Tages fallen wird, ergibt sich aus seinen Widersprüchen und seiner zweifelhaften Moral. In diesem Sinne aufklärend zu wirken, ist die Absicht dieses Buches.

Ein Hinweis ist noch wichtig, um Missverständnisse zu vermeiden. Es besteht kein Zweifel daran, dass in Deutschland Vorbildliches bei der Aufarbeitung der NS-Zeit und ihrer Verbrechen geleistet worden ist – von Wissenschaftlern der verschiedensten Fachrichtungen, besonders natürlich von Historikern, von Publizisten und privaten Initiativen. In diesem Zusammenhang hat Susan Neiman Recht, wenn sie ihr Buch zu diesem Thema *Von den Deutschen lernen* betitelt hat. Eine ganz andere Sache ist das offizielle deutsche Erinnern der politischen Elite und der Mainstream-Medien. Um ihr Versagen geht es in diesem Text.

Erwähnt sei noch, dass ich im Text durchgehend das Wort Holocaust verwende, einfach weil es sich in Deutschland eingebürgert hat. Israelische und jüdische Autoren in der Diaspora benutzen zumeist den Begriff Shoa, in Zitaten von ihnen habe ich diesen Begriff natürlich beibehalten.

Bremen, im Juni 2022
Arn Strohmeyer

I. Die kritische Sicht auf den Holocaust in Israel und im Judentum

In der deutschen Debatte über den Holocaust herrscht oft der Eindruck vor, dass im Judentum bzw. in Israel in der Beurteilung dieses Verbrechens ein großer Konsens besteht. Das ist aber überhaupt nicht der Fall. In der jüdischen Sicht auf den Holocaust gibt es große – um nicht zu sagen – extreme Differenzen. Ohne die Kenntnis dieser Differenzen ist der in Deutschland gegenwärtig stattfindende Diskurs über den Holocaust im Zusammenhang mit Israel, Apartheid, Kolonialismus und Antisemitismus gar nicht zu verstehen. Deshalb sollen in den ersten beiden Kapiteln die wichtigsten kritischen Sichtweisen auf das Mega-Verbrechen Holocaust aufgezeigt werden. Würden sie in Deutschland geäußert, würde sofort der Antisemitismus-Vorwurf erhoben. Was zeigt, wie paradox bzw. absurd die ganze Debatte teilweise ist.

1. Die Juden in Mandatspalästina zeigten wenig Interesse am Holocaust

Es muss den unbefangenen Betrachter der Geschichte des Zionismus erstaunen, dass die Juden in Palästina (im vorstaatlichen Jischuw) dem Morden in den Vernichtungslagern der Nazis wenig Aufmerksamkeit schenkten, ja kaum Interesse an dem Genozid zeigten. Auch die politische Elite – besonders der Zionistenführer Ben Gurion – nahm so gut wie keinen Anteil an dem Mordgeschehen in Europa. Für Ben Gurion war der Holocaust in erster Linie nicht eine Katastrophe für die von ihm betroffenen Menschen, sondern für den Zionismus. Denn die

Zionisten hatten gehofft, dass Millionen Juden aus Europa nach Palästina kommen würden, um den Aufbau des zu schaffenden Staates Israel zu unterstützen. Diese Menschen fielen nun aus und Ben Gurion stellte die Frage: Woher die Menschen für *Erez Israel* nehmen? Israel löste das Problem, indem es Hunderttausende von orientalischen Juden aus den arabischen Ländern ins Land holte. Die Gründung des Staates Israel hatte für die Zionisten absoluten Vorrang vor allen anderen Überlegungen.[4]

So unternahmen die Zionisten in Palästina auch wenig oder nichts zur Rettung der Juden vor der Mordmaschinerie der Nazis. Ob sie viele Möglichkeiten dazu hatten, ist eine andere Frage. Tatsache ist aber, dass sie in dieser Beziehung weitgehend untätig blieben. Die Realität des Holocaust wurde den Menschen des Jischuw erst bewusst, als sie sich persönlich bedroht fühlten: Als Rommels Armee in Nordafrika nach Ägypten vorrückte und die Gefahr bestand, dass sie auch Palästina einnehmen könnte. Der Sieg der Briten bei El Alamein verhinderte Rommels Marsch über den Suezkanal.

Der israelische Historiker Tom Segev hat das Desinteresse der Juden des Jischuw am Holocaust eindrucksvoll beschrieben. 1941/1942 erreichten die ersten Nachrichten von der Massenvernichtung der Juden in Europa den Jischuw in Palästina. Die Berichte alarmierten und schockierten aber keineswegs alle Mitglieder der jüdischen Gemeinschaft. Ein Artikel über den Mord an einer Million Juden war in der Gewerkschaftszeitung *Davar* am 30. Januar 1942 nicht einmal der Aufmacher auf der ersten Seite. Es gab Zweifel an der Seriosität solcher Berichte, auch Augenzeugen glaubte man oft nicht. Als die Ermordung von Juden in mobilen Gaskammern in Polen bekannt wurde, war das derselben Zeitung nur einen Artikel auf der zweiten Seite wert. Der Aufmacher hatte den U-Boot-Krieg zum Thema, der Leitartikel beschäftige sich mit dem Gesundheitswesen in Palästina. Ein Artikel über Gräueltaten an Juden in Charkow (Ukraine) erschien in der Tageszeitung *Haaretz* auch nur auf der Seite zwei und mit einer einspaltigen Überschrift. Direkt darüber stand ein Bericht über den Sieg einer jüdischen Fußballmannschaft in Damaskus.[5]

An der Seriosität der Quellen kann das Desinteresse aber nicht gelegen haben: »Das, was einem Tageszeitungsredakteur in Tel Aviv an Daten zugänglich war, reichte aus, um der Leserschaft zu berichten, dass die Deutschen systematisch Juden umbrachten und dazu unter anderem Gaskammern verwendeten. Solche ›jüdischen Nachrichten‹ veröffentlichen die Zeitungen in Palästina im allgemeinen an weniger herausragender Stelle als die Berichte vom Kriegsgeschehen, als ob erstere nur einen lokalen Gesichtspunkt des eigentlichen Dramas darstellten.«[6] Beliebt war in den Zeitungen auch die Methode, Holocaust-Artikel mit schwülstigen Bibel-Zitaten oder poetischen Bildern zu überschreiben wie: »Weine, Jerusalem, um die in der Diaspora Gefallenen; rufe Zion: Rettet Eure Söhne und Töchter, seid meinen Kindern und Kindlein Zuflucht.« Oder es war vom »Tal der Tränen« oder vom »Tal der Leiden« die Rede. Das alles waren Versuche, den Holocaust aus der Wirklichkeit in eine andere irreale Stufe zu heben.[7]

Ein solcher journalistischer Umgang mit dem schrecklichen Geschehen in Europa ist aus heutiger Sicht unverständlich, zumal die Nachrichtenlage völlig eindeutig war. Auch die Führer der Jewish Agency wussten offenbar über die »Endlösung« Bescheid, der Bevollmächtigte des Jüdischen Weltkongresses in der Schweiz, Gerhart Riegner, hatte sie darüber unterrichtet. Die Jewish Agency gab auch eine Erklärung zur Situation heraus, die Demonstrationen mit schwarzen Fahnen zur Folge hatte. Nun berichteten die Zeitungen auch mit größeren Schlagzeilen über den Holocaust. Aber das Interesse erlahmte bald wieder und das Thema geriet erneut wieder auf die Innenseiten. Ab Mitte 1943 war der Holocaust wieder eine weniger wichtige Nachricht. Der Herausgeber der *Davar*, Berl Katznelson, bekannte: »Ich weiß nicht, ob die Leute von diesen Dingen hören wollen.«[8]

Bücher und Broschüren über den Holocaust ließen sich kaum verkaufen und wurden Ladenhüter. Segev notiert: »Es scheint so, als habe kein großer Bedarf für Nachrichten über den Holocaust bestanden.«[9] Als sich eine Gruppe mit dem Namen *Al Domi* (»Schweige nicht!«) bildete und die Jischuw-Führung aufforderte, etwas zur Rettung der Juden in Europa zu tun, hatte das keinen großen Widerhall: »Für die führenden Kreise war *Al Domis* Radikalismus ein Ärgernis. Der größte Teil des Jischuw schenkte dem Ganzen keine Aufmerksamkeit.«[10]

Die Haltung des Jischuw zum Holocaust war ambivalent, zwiespältig und moralisch äußerst bedenklich. Sie lässt sich wohl nur durch die Verachtung der Diaspora einerseits und den absoluten Vorrang erklären, den die führenden Politiker der Regierungspartei MAPAI und der Jewish Agency dem Aufbau des Staates beimaßen. Wiederholte Äußerungen Ben Gurions belegen das. Er versicherte, als der Holocaust seinen Höhepunkt erreichte, immer wieder, dass es nicht die Aufgabe der Jewish Agency sei, Europas Juden zu retten, sondern das Land Israel aufzubauen. Er wolle nicht darüber befinden, was wichtiger sei, das Land aufzubauen oder zum Beispiel ein einziges jüdisches Kind aus Zagreb zu retten. Manchmal könne es auch wichtig sein, dieses Kind zu retten. Die Aufgabe der Jewish Agency sei es aber, Juden durch die Übersiedlung nach Palästina zu retten. Juden an ihrem Heimat- oder Aufenthaltsort zu retten, sei Aufgabe der philanthropischen jüdischen

Institutionen wie Jüdischer Weltkongress, American Jewish Congress, Joint Distribution Committee und andere. Dies sei nicht Sache der Zionisten.[11]

Berühmt wurde Ben Gurions Äußerung über die Rettung von Kindern. Er erklärte: »Wenn ich wüsste, dass es durch Transporte nach England möglich wäre, alle [jüdischen] Kinder aus Deutschland zu retten, durch Transporte nach Palästina aber nur die Hälfte von ihnen gerettet werden könnte, würde ich mich für letzteres entscheiden – denn wir werden nicht nur von diesen Kindern zur Rechenschaft gezogen, sondern müssen dem jüdischen Volk historische Rechenschaft ablegen.«[12] Im Zusammenhang mit dem »Kristallnacht«-Pogrom meinte Ben Gurion, dass das »menschliche Gewissen« verschiedene Länder dazu bringen könnte, ihre Grenzen für jüdische Flüchtlinge aus Deutschland zu öffnen. Er sah darin eine Bedrohung und warnte: »Der Zionismus ist in Gefahr.«[13] Hierhin passt auch der Ausspruch Ben Gurions, den er vor dem Machtantritt Hitlers machte, dessen radikaler Antisemitismus dem Zionistenführer natürlich bekannt war: »Es liegt in unserem Interesse, Hitler (…) für die Errichtung unseres Landes auszunutzen. (…) Je härter das Leid, desto größer die Stärke des Zionismus.«[14] Es ging eben immer nur um den Vorrang des zionistischen Projekts.

Die Marschroute der zionistischen Politik angesichts des Holocaust war klar und eindeutig. Die Ereignisse in Europa wurden als zweitrangig eingeschätzt; wichtig war, den Aufbau des Staates zu fördern. Deshalb sollten auch nur diejenigen Juden gerettet werden, die dem Land Israel und dem Judentum von Nutzen sein konnten – vor allem Jugendliche und Kinder. Man ging davon aus, dass die eigenen Möglichkeiten zur Rettung der europäischen Juden sehr gering seien – »ihr Schicksal war besiegelt, es gab keine Chance, viele zu retten.«[15] Diese Gefühle der Ohnmacht drückten sich auch in der Sprache aus. Vom Holocaust wurde im Jischuw oft nur in der Vergangenheitsform gesprochen. Segev merkt dazu an: »Statt im Holocaust etwas zu sehen, das wirksames sofortiges Handeln erfordert hätte, verbannte man ihn von der Jetzt-Zeit in die Geschichte.«[16] Als »makaber« und »grotesk« bezeichnet es Segev in diesem Zusammenhang, dass man im Jischuw darüber diskutierte, wie man der Holocaust-Opfer am besten gedenken könne, während die meisten von ihnen noch am Leben waren.[17]

2. Die Zionisten unternahmen kaum etwas zur Rettung der bedrohten Juden

Unter den Führern des Jischuw wurden aber auch Versagensvorwürfe und Schuldzuweisungen laut, dass man zu wenig oder gar nichts zur Rettung der bedrohten Juden in Europa tue. Auf der anderen Seite wurden aber auch schon Überlegungen angestellt, wie man Nutzen aus der Tragödie in Europa ziehen könne. Ab 1940 machten sich führende zionistische Funktionäre schon Gedanken über Reparationsforderungen an Deutschland, an denen sich auch Ben Gurion beteiligte.[18] Was angesichts der eigenen Untätigkeit und der Verachtung der »degenerierten« und »feigen« Diaspora, der man vorwarf, sie hätte sich ohne Gegenwehr von den Nazis ermorden lassen, erstaunen muss. Man gab den Holocaust-Opfern auch selbst die Schuld an ihrem Schicksal, weil sie sich nicht früher dazu entschieden hätten, sich dem Zionismus anzuschließen und nach Palästina zu kommen.

Weil das zionistische Projekt ganz im Vordergrund des Interesses stand und alles andere zweitrangig war, ist die bittere

Wahrheit: »Den Bemühungen der zionistischen Bewegung verdanken nur wenige Überlebende ihr Leben.«[19] In einer Rede, die Ben Gurion im Dezember 1938 gehalten hat (also Jahre vor dem Holocaust), war all dies – sozusagen als Programm – schon angedeutet. Er sagte damals: »Wenn die Juden vor der Wahl zwischen der Rettung von Juden aus Konzentrationslagern und der Unterstützung der nationalen Heimstätte in Palästina stehen, dann wird das Mitleid die Oberhand behalten, und die ganze Energie der Leute wird in die Rettung von Juden aus verschiedenen Ländern kanalisiert werden. Der Zionismus wird nicht nur in der öffentlichen Meinung in der Welt und in Großbritannien von der Tagesordnung gestrichen werden, sondern auch von der jüdischen öffentlichen Meinung anderswo. Wenn wir eine Trennung des Flüchtlings- vom Palästina-Problem zulassen, riskieren wir die Existenz des Zionismus.«[20]

Es versteht sich von selbst, dass die zionistische Politik gegenüber den bedrohten Juden nach dem Krieg massiv in die Kritik geriet – auch und gerade von Juden. Der Holocaust-Forscher Saul Friedländer, selbst ein Überlebender des Massenmords, sagte deshalb verbittert und anklagend in einem Interview: »Sie [die Zionisten in Palästina] haben versagt. Ich behaupte nicht, dass sie im konkret militärischen Sinne mehr für uns hätten tun können. Ich behaupte aber, dass die Jischuw-Führung und die Öffentlichkeit insgesamt nicht genug darüber nachgedacht haben. Die Rettung der europäischen Juden hatte keinen Vorrang vor anderen Aktivitäten. Ihnen war die Staatsgründung das wichtigste Anliegen.« Friedländer machte deutlich, dass er den Zionistenführer David Ben Gurion persönlich meinte. »Ich glaube, dass Ben Gurion das Wesen des Holocaust nie verstanden hat. Sicher besuchte er nach dem Krieg die Flüchtlingslager in Europa, aber er hat sich nicht gründlich mit der

Angelegenheit beschäftigt. Er betrachtete sie in erster Linie als potentielle Hilfe für die Staatsgründung. (...) Ich glaube, dass Ben Gurion und viele andere sich des historischen Erbes der Diaspora-Juden schämen.«[21] Es gibt einen berühmt gewordenen Ausspruch Ben Gurions, der Friedländers Aussage belegt. Er nannte das Schicksal der Juden in Europa eine »nützliche Katastrophe«: »Es liegt in unserem Interesse, Hitler für die Errichtung unseres Landes auszunutzen.«[22]

Als Ben Gurion später auf Friedländers Behauptung angesprochen wurde, er habe die Bedeutung des Holocaust nicht wirklich verstanden, sagte er nur: »Was gibt es da zu verstehen? Sie sind gestorben, und das war's.«[23] Eine solche Hartherzigkeit gegenüber den Opfern des Holocaust, die ihre Ursache nicht zuletzt in der Verachtung der Diaspora hatte, musste Schuldgefühle hervorrufen – bewusste oder unbewusste. Sie waren auch der Grund für das große Schweigen, das den Holocaust in den 1950er Jahren umgab, bis die Zionisten ihre Strategie änderten und mit dem Instrument des Eichmann-Prozesses den Holocaust zusammen mit der »göttlichen Landverheißung« in den Mittelpunkt ihrer Ideologie stellten, um die Existenz ihres Staates zu rechtfertigen. Um ihre Untätigkeit bei der Rettung der europäischen Juden zu entschuldigen, brachten sie das Argument vor, dass ein Staat Israel, wenn er denn schon existiert hätte, den Mord an diesen Menschen hätte verhindern können.

3. Das zionistische Establishment verachtete die Überlebenden

Hatte sich die vorstaatliche zionistische Gesellschaft in Palästina schon äußerst schwer mit der Rettung der bedrängten und bedrohten Juden in Europa getan, so war die Situation der geretteten Überlebenden dort nicht weniger schwierig. Zunächst stellt sich die Frage: Wer ist ein Überlebender? Diese Frage lässt sich auf zweifache Weise beantworten – sozusagen »quantitativ« und »qualitativ«. Der Holocaust- und Antisemitismus-Forscher Wolfgang Benz gibt die Gesamtzahl der ermordeten Juden mit 5,29 Millionen (Minimum) an.[24] Raul Hilberg nennt die Zahl 5,1 Millionen Tote und die Zahl der Überlebenden, der sogenannten Displaced Persons (DPs), schätzt er im Zeitraum zwischen 1945 und 1948 auf 250.000 Personen.[25]

Die israelische Historikerin Idith Zertal hat sehr eindringlich den seelischen Zustand der Überlebenden aus den Vernichtungslagern beschrieben: »Der *survivor* oder *survivant* ist ein Jenseits-Lebender, einer, der jenseits der Schwelle, der Grenze des Lebens lebt, jemand, der weiterlebt, nachdem ›seine Zeit‹ abgelaufen ist, der ein Ereignis, das eigentlich seinem Leben ein Ende hätte setzen müssen, übersteht, der weiter existiert, nachdem Menschen, eine Gruppe von Menschen, zu der er gehört und von der er ein Teil gewesen ist, vernichtet und nicht mehr am Leben ist. In diesem Sinne ist der Überlebende ein Überbleibsel, das nicht in diese Welt gehört, ein von dem Feuer verschonter Holzscheit, jemand, der *dort* war, inmitten der Katastrophe, und zurückgekehrt ist, wobei jedoch etwas sehr Bedeutsames von ihm *dort* geblieben ist.«

»Der Gerettete, der *survivor* oder *survivant* existiert also – ist vivant, doch sein Leben wird durch ein ganz besonders spezifisches Verhältnis sowohl zu den Toten als auch zu den Lebenden bestimmt. Er unterhält ein sehr intensives, durch die Todesnähe und die Extremprüfung definiertes Verhältnis zu den Toten, zu jenen, die nicht aus jener Extremprüfung zurückgekehrt sind. Ein ebensolches Verhältnis bestimmt jedoch auch seinen Umgang mit gewöhnlichen Lebenden, von denen er kraft seiner Verbindung mit den Toten und mit jenem Ereignis, aus dem sie – im Unterschied zu ihm – nicht errettet worden sind, getrennt ist.«[26]

Diese Menschen hatten das große Problem zu verstehen, was ihnen selbst geschehen war, was sich auch auf ihre Kommunikation mit der Außenwelt auswirkte. Sie machten die frustrierende Erfahrung, dass man ihren Erzählungen nicht glaubte beziehungsweise nicht einmal zuhörte. Der italienische Auschwitz-Überlebende Primo Levi hat diese Erfahrung so beschrieben: »In der typischsten und grausamsten Version wandte sich der Angesprochene ab und ging schweigend weg.«[27] Der Grund für ein solches Verhalten ist klar: Die Überlebenden hatten die dunkelste und abgründigste Seite des Menschen erlebt und störten und untergruben allein durch ihre Anwesenheit, ganz zu schweigen von Berichten über das von ihnen Erlebte, die Normalität des alltäglichen Realen. Die Folge war, dass diese Menschen sich ins Schweigen flüchteten. Primo Levi schrieb dazu: »Wer den tiefsten Punkt des Abgrundes, wer das Haupt der Medusa erblickt hat, konnte nicht mehr zurückkehren, um zu berichten, oder er ist stumm geworden.«[28]

Diese zutiefst gedemütigten Menschen aufzunehmen, ihnen Gehör und Geborgenheit zu schenken und so zu ihrer Heilung beizutragen (soweit das überhaupt möglich war), wäre in erster Linie Aufgabe des gerade im Entstehen begriffenen Staates Israel gewesen. Aber das zionistische Establishment dachte anders. Die zionistische Gemeinschaft in Palästina hing in Ablehnung der verachteten Diaspora dem Traum vom »neuen Menschen« in einer neuen Gesellschaft an; der »neue Jude« – ein starker tatkräftiger und wehrhafter Pionier – war das revolutionär-messianische Ideal. Das bedeutete aber auch, die nahe jüdische

Vergangenheit aus dem Bewusstsein zu streichen beziehungsweise sie nur teilweise zu akzeptieren. Ben Gurion war dafür, nicht nur die letzten hundert Jahre vor der Errichtung des Staates Israel auszuradieren, sondern die »gesamte Geschichte der jüdischen Diaspora«.[29] »Die ferne Vergangenheit [die im Alten Testament beschrieben wird] ist uns näher als die nahe Vergangenheit der letzten 2000 Jahre und nicht nur als die sechzig Jahre, die der Begriff Zionismus nun schon existiert«, schrieb er.[30]

Die Haltung des Jischuw war – wie oben beschrieben – also zwiespältig. Man fühlte sich einerseits in der Ansicht bestätigt, dass die Diaspora notwendigerweise im Massenmord enden musste, weil diese Juden alle Warnungen überhört und sich nicht für den Zionismus entschieden hatten. Deshalb sei die Diaspora an ihrer Zerstörung selbst schuld und verdiene es, vergessen zu werden. Auf der anderen Seite brauchte der Zionismus den Holocaust zur Rechtfertigung des Staates, musste ihm also sogar eine gewisse »widersinnige Dankesschuld« entgegenbringen.[31] Außer der direkten Verbindung zum Holocaust sah man im Jischuw aber wenig Anlass, die Erinnerung an die Vernichtung der europäischen Juden zu pflegen. Die Geschichte des neuen Israel sollte also bei sich selbst beginnen, die Erinnerung an die Schmach der Mütter und Väter in der Diaspora sollte getilgt werden.[32]

Das bedeutete nichts Gutes für die Überlebenden, die nach Israel gelangten. Sie waren ja notgedrungen hierher gekommen, viele waren keine überzeugten Zionisten, sie konnten auch mit dem Ideal des »neuen Juden« nur wenig anfangen. Israel war eben die einzige Zuflucht, die sie hatten, weil kein anderes Land sie aufnahm. In der neuen Heimat schlug ihnen aber kalte Ablehnung entgegen. Peter Novick beschreibt diese Zeit so: »Zur gleichen Zeit wirkten mehrere Faktoren darauf hin, Israels Verbindung mit der europäischen Katastrophe auf ein Minimum herabzusetzen. In der Selbstdarstellung Israels vor den 1960er Jahren wurde der Holocaust heruntergespielt; es sah in die Zukunft, weniger in die Vergangenheit; betonte die Diskontinuität zwischen dem verderbten Leben der Juden in der Diaspora und dem tapferen ›neuen Juden‹ Israels. Yom Hasboah – der Holocaust-Gedenktag – wurde weitgehend nicht begangen, und Schulbücher zollten dem Holocaust wenig Aufmerksamkeit. In jenen Jahren waren die Israelis ebenso wenig geneigt wie die amerikanischen Juden, Juden als Opfer darzustellen. Das Bild Israels in den Köpfen der meisten amerikanischen Juden war nicht das Land der von ihren Erinnerungen gepeinigten Überlebenden, sondern wurde von braun gebrannten, blauäugigen jungen Sabras verkörpert, die mit ihren Hacken auf den Schultern singend auf die Felder marschierten – ›um die Wüste zum Blühen zu bringen‹.«[33]

Tom Segev sieht die damalige Situation nicht anders: »Die Verachtung, die viele Mitglieder des Jischuw für die Diaspora hegten, legten sie auch während des Holocaust in Europa nicht ab. Sie nahm sogar an Intensität zu. Und nach dem Krieg entstand aus der herablassenden Haltung gegenüber den Überlebenden – durch die Mitleid und Scham überdeckt wurden – das große Schweigen, das den Holocaust in den 1950er Jahren umgab. In jener Zeit weigerten sich die Israelis, über den Holocaust zu sprechen oder auch nur an ihn zu denken. Ihr Verhalten grenzte fast an Leugnen des Geschehenen. Später ist der Holocaust dagegen zunehmend zu einem wichtigen Faktor der israelischen Identität geworden und beschäftigt die Menschen unablässig und intensiv. Objektiv gesehen ist dieser neue Eifer oft nicht weniger problematisch und widersprüchlich als die früheren Verdrängungstendenzen.«[34]

Wie weit die Verachtung der Überlebenden ging, belegen auch zahlreiche Äußerungen von Ben Gurion: »Unter den Überlebenden der deutschen Konzentrationslager«, sagte er, »gab es jene, die nicht überlebt hätten, wären sie nicht so gewesen, wie sie waren – hart, böse, egoistisch und all das, was sie erleiden mussten, hat zerstört, was es in ihrer Seele noch an Gutem gab.«[35] In der Zeitung *Haaretz* hieß es in einem Artikel: »Wir müssen den Tatsachen ins Auge blicken. Die wenigen, die uns in Europa geblieben sind, gehören nicht unbedingt zum Besten des jüdischen Volkes. Die Schätze der Nation wurden zuerst zerstört. (...) Viele der Überlebenden werden der Sittenlosigkeit verdächtigt.«[36]

Es entstand das große Schweigen in Israel über den Holocaust, das erst durch den Kastner-Prozess gebrochen wurde (siehe Kapitel I., 4). Aber die Verachtung, die den Überlebenden entgegenschlug, führte dazu, dass die zionistische Führung sich auch nach dem Krieg durch Selektion dagegen wehrte, dass die »falschen Elemente«, also »schlechtes Menschenmaterial« ins Land kämen. Es wurden Agenten in die DP-Lager in Deutschland geschickt, die Selektionen vornehmen sollten. Tom Segev schreibt: »Der Kampf um die Seelen der europäischen Juden wurde erbarmungslos, manchmal gewalttätig geführt.«[37] Die Agenten verschiedener Parteien verteilten Geld, Zuschüsse und Geschenke – immer zukünftige Wähler im Auge. Manchmal kam es zwischen den Agenten sogar zu gewaltsamen Auseinandersetzungen, sogar zu Schießereien.[38]

Es ging bei den Selektionen der möglichen Einwanderer in den DP-Lagern immer um das »richtige Menschenmaterial« – sei es in körperlich-altersmäßiger, seelischer, politischer oder militärischer Hinsicht. Ben Gurion plädierte dafür, »dass wir nur Leute im Alter von 18 bis 35 Jahren gebrauchen können oder in Ausnahmefällen bis zu 40 Jahren, wenn sie Waffen handhaben können.«[39] Viele von den ausgesuchten Neueinwanderern und ehemaligen KZ-Häftlingen mussten gleich 1948 in den Krieg ziehen. Andere wurden von den Kibuzzim abgelehnt, diese wollten keine Kranken, keine Sozialfälle, Kinder und alte Leute. Die zugewiesenen Überlebenden beklagten sich, dass niemand Interesse an ihnen habe, sobald sie im Kibuzz angekommen seien.[40] Levi Eshkol, der spätere Ministerpräsident, rechtfertigte die Selektionen bei der Einwanderung: »Israel kann nicht alle verrückten Juden der Welt aufnehmen.«[41]

Die Aufnahme und der Umgang mit den Überlebenden waren kein Ruhmesblatt für die zionistische Führung und Gesellschaft. Fast verbittert hat sich Moshe Zuckermann, selbst Sohn von Überlebenden, immer wieder zu diesem Thema geäußert. Er bringt sehr genau auf den Punkt, welche tiefe Kluft zwischen den Überlebenden und den Zionisten im Jischuw und später im Staat Israel bestand: »Das öffentliche Beschweigen dessen, was sich in den Privatsphären der Überlebenden an nachwirkender Leiderfahrung zutrug, [bediente] ein ideologisches Grundbedürfnis, das sich in jenen Jahren zum regelrechten Muster verfestigte: Erhärtete zum einen die Ankunft der Überlebenden im neuen Land das zionistische Selbstverständnis als Zufluchtsort und neue Heimat verfolgter Juden, so war zum anderen das, was sie als ultimativ Verfolgte, Erniedrigte und Geschundene darstellten, genau das Gegenteil von dem, was die zionistische Ideologie mit der Gestalt des ›neuen Juden‹ heraufzubeschwören trachtete.«

Und weiter: »Verkörperten also die Shoa-Überlebenden mit ihrem Lebensschicksal das zentrale zionistische Argument für die geforderte Diaspora-Negation, so brachten sie zugleich mit den sozialen und psychischen Auswirkungen dieses Lebensschicksals das verachtete Diasporische schlechthin ins neue

Land ein, manifestierten gleichsam mit ihrer schieren Präsenz das, was im Selbstbild der ›Alteingesessenen‹, der in der *Jischuw*-Zeit ins prästaatliche Palästina eingewanderten beziehungsweise in ihm geborenen Juden, als überwunden galt beziehungsweise als überwunden zu gelten hatte. (...) In der Frage ›Wie konntet ihr euch wie Vieh zur Schlachtbank führen lassen?‹ spiegelt sich nicht nur die erbärmliche Ignoranz, mit der eine ganze Generation geschlagen war, mithin das totale Unvermögen, auch nur im Ansatz zu begreifen, was sich in den Vernichtungslagern zugetragen hatte, sondern strotzte auch vor selbstgefälliger Überheblichkeit und der narzisstischen Arroganz einer Generation von Nachgeborenen, die bereits deutlich unter dem ideologischen Bann des *wehrhaften* ›neuen Juden‹ standen. Die Begegnung zwischen den Shoa-Überlebenden und dem zionistischen Staat, in welchem sie ihr Leben neu einrichten wollten, erwies sich in den Anfangsjahren als tragisch – nicht zuletzt, weil die staatsoffizielle Ideologie die Überlebenden über die Zionisierung des Katastrophenereignisses, das sie zu Opfern hatte werden lassen, aus dem Gesichtsfeld des öffentlichen Diskurses verdrängte beziehungsweise – ärger – zum ideologischen Argument verkommen ließ.«[42]

Die Missachtung oder sogar Verachtung der Überlebenden hat sich über Jahrzehnte fortgesetzt. Noch im Jahr 2008 setzte die Knesset einen Ausschuss zur Untersuchung der Hilfeleistungen für Holocaust-Überlebende ein. Die Vorsitzende dieses Gremiums, Dalia Dorner, erklärte, israelische Regierungen hätten die Überlebenden über Generationen hinweg vernachlässigt und sie um ihnen zustehende Geldsummen geprellt; und die vom Ausschuss angesichts der eklatanten Missstände ausgesprochenen Empfehlungen hätten zur Nachholung von Unterlassenem »nur wenig an der Schande« zu decken vermocht.[43]

Zuckermann folgert daraus: So wie nichts an den ermordeten Opfern der Shoa »wiedergutgemacht« werden könne, dürfe man sich nicht einbilden, den einst nach Israel gekommenen Opfern heute noch eine wie immer verstandene »historische Gerechtigkeit« widerfahren zu lassen: »Den bereits verstorbenen Überlebenden kann nichts mehr zugutekommen; den noch lebenden unter ihnen wird niemand mehr das Gefühl nehmen können, vom Staat, der sich selbst als ihre historische Zufluchtsstätte apostrophiert hatte, hintergangen worden zu sein. Das hatte mit Vielem zu tun, primär aber mit zentralen Koordinaten der israelischen Staatsideologie. Denn während sich heute kaum noch jemand einfallen ließe, den objektiv zustande gekommenen Konnex von Israel und Shoah – eben den einer für die Entwurzelten errichteten nationalen Zufluchtsstätte – hinterfragen zu wollen, ist es um die *reale* Begegnung der in Israel nach der Katastrophe angelangten Überlebenden mit dem Kollektiv der Alteingesessenen und den sie beseelenden ideologischen Ausrichtungen nicht gar so einfach, geschweige denn positiv bestellt gewesen.«[44]

4. Das große Schweigen über den Holocaust endete erst mit dem Eichmann-Prozess

Nach 1945 und bis weit in die 1950er Jahre hinein wurde der Holocaust im Jischuw und dann im Staat Israel verschwiegen oder verdrängt. Er war fast so etwas wie ein Tabu. Die Geschehnisse des Genozids waren offenbar noch zu nah, um überhaupt schon erinnernd verstanden werden zu können. Es gab zwar einen Holocaust-Gedenktag, aber noch keine offizielle wirkliche Kultur des Gedenkens. Das Schweigen über den Holocaust hing natürlich auch mit der Verachtung der Diaspora-Juden zusammen, von denen viele nun als Überlebende in Palästina angekommen waren. So schwiegen die eingesessenen Juden des Jischuw, ja sie leugneten den Holocaust fast, weil ihre Verachtung dieser Menschen auch viel Scham und Schuldgefühle enthielt. Und die Überlebenden konnten wegen des zutiefst Abgründigen und Unbegreiflichen, das sie erfahren hatten, nicht über das Erlebte sprechen.

Idith Zertal beschreibt den Zustand dieser Menschen, die im Jischuw in Palästina bzw. später in Israel Zuflucht suchten, so: »Das Zeugnis der Überlebenden war unerwünscht, weil es die allgemeine Ruhe störte und die vertraute Realität unterhöhlte. Bei seiner Rückkehr in die Welt der Lebenden konnte der Überlebende nicht anders, als den normalen, trügerischen Anschein menschlicher Existenz zu zerstören, da er nur Zeugnis von der dunklen, barbarischen Seite jenes normalen Lebens ablegen konnte, jener kultivierten Existenz mit ihren Werten und Idealen scheinbarer Modernität. Denn die Überlebenden der Lager totalitärer Regime hatten etwas gesehen und erfahren, das kein Mensch je hatte sehen oder wissen dürfen.«[45]

Zwei Prozesse brachten 1953/54 die Wende, das heißt, sie leiteten in Israel eine neue Sicht auf den Holocaust ein. In dem ersten Prozess wurde der frühere Repräsentant des ungarischen Judentums Dr. Israel Rudolf Kastner beschuldigt, mit den Nazis – so auch mit Adolf Eichmann – im besetzten Ungarn kollaboriert zu haben. Er hatte einen Transport organisiert, der 1685 Juden in die sichere Schweiz brachte, wobei viele der Geretteten Verwandte Kastners waren und die anderen ganz offensichtlich viel Geld für die gelungene Flucht aus Ungarn gezahlt hatten. Kastner soll durch diesen Deal ein Vermögen gemacht haben.

Mit Eichmann und dem Bremer Kaufmann und SS-Offizier Kurt Becher hatte er zudem ein Geschäft ausgehandelt: Zum

Preis von 10.000 Lastwägen würden die Deutschen eine Million Juden freilassen. Dieser Deal platzte allerdings. Becher hat später zugunsten Kastners beim Prozess in Nürnberg ausgesagt, was zu dessen Freispruch führte. In Israel brachte der Hotelbesitzer Malkiel Grünwald, der aus Ungarn stammte und dort im Holocaust zahlreiche Verwandte verloren hatte, Kastners zweifelhafte Geschäfte in einem selbst verfassten Pamphlet an die Öffentlichkeit.

Die israelische Justiz hatte zu dieser Zeit wenig Interesse, sich mit dem Holocaust und jüdischen Kriegsverbrechen zu beschäftigen. Ein Prozess mit einem ehemaligen Kapo (also einem Kollaborateur der SS) war eine peinliche und delikate Sache, mit der die israelischen Medien nichts zu tun haben wollten. Es war vor allem dem Publizisten Uri Avnery zu verdanken, der das Verfahren in seinem Magazin *Haolam Hazeh* bekannt machte, dass die Öffentlichkeit so von der Sache erfuhr. Tom Segev merkt dazu an: »Schließlich wurde dieser Prozess der wichtigste und schmerzlichste, der je in Israel stattfand, ausgenommen vielleicht der Prozess gegen Adolf Eichmann.«[46]

Der Clou dieses Prozesses war nun, dass nicht der Kollaborateur Kastner angeklagt wurde, sondern der Ankläger Grünwald. Der Staat stellte sich also auf die Seite des Verdächtigten, und der Bezichtigte musste sich vor Gericht wegen Verleumdung und übler Nachrede verantworten. Der Verteidiger Grünwalds, Schmuel Tamir, ein ehrgeiziger Jurist, glänzender Redner und Intimfeind Ben Gurions, verkehrte seine Verteidigung in eine Anklage gegen die Regierungspartei MAPAI, der er Kooperation mit den Nazis vorwarf. Er schilderte die Verhandlungen mit Eichmann über den LKW-Deal als unmittelbare Fortsetzung des Ha'awara-Transferabkommens, das die Nazis 1933 mit dem

Jischuw geschlossen hatten, um Juden gegen deutsche Exporte nach Palästina die Ausreise zu ermöglichen.

Tamir warf Kastner vor, in Ungarn nach Anweisungen der MAPAI gehandelt zu haben. Außerdem beschuldigte er die Regierungspartei, die Menschen nicht über den Holocaust informiert zu haben, was dazu geführt hätte, dass Rettungsmaßnahmen von Juden unterblieben wären. Tamir sprach auch die Rolle der Judenräte in den besetzten Ländern und die Rolle der jüdischen Kapos in den Lagern an, von denen viele jetzt in Israel lebten.

Das Gericht entschied, dass die Vorwürfe Grünwalds gerechtfertigt seien und formulierte in dem Urteil, dass Kastner »seine Seele dem Teufel verkauft« habe. Der Spruch des Gerichts war für die MAPAI eine furchtbare Niederlage. Moshe Sharett, der Ben Gurion im Amt des Ministerpräsidenten nachgefolgt war, nannte das Urteil einen »schweren Schlag«, ein »Grauen« und einen »Albtraum«. Er schrieb in sein Tagebuch: »Wie konnte es der Richter wagen! Strangulierung der Partei. Chaos.«[47] Ben Gurion wusch seine Hände in Unschuld und tat so, als habe er von all dem nichts gewusst. Durch diesen Prozess hatte die Öffentlichkeit Vieles erfahren, was ihr eigentlich verborgen bleiben sollte. Der Holocaust war nun sehr viel deutlicher ins Bewusstsein der Menschen getreten.

Der Eichmann-Prozess 1961 in Jerusalem war der Wendepunkt in der Herausbildung einer speziellen Form des israelischen Erinnerns an den Holocaust. Nach den Jahren des Schweigens über den Genozid hielt der israelische Ministerpräsident Ben Gurion die Zeit für gekommen, ein neues Narrativ über den Mord an den europäischen Juden zu schaffen. Er spielte dann auch die Hauptrolle in dem Geschehen um den Prozess. Er war maßgeblich dafür verantwortlich, dass Eichmann aus Argentinien entführt und nach Israel gebracht wurde – eine Liquidierung in dem südamerikanischen Land hatte er abgelehnt.

Ben Gurion wollte aus aktuellen Gründen einen großen Schauprozess inszenieren, der zu einer Veränderung der Erinnerung in Israel und der Welt beitragen sollte. Für ihn ging es deshalb bei der Gerichtsverhandlung gar nicht in erster Linie um den Menschen Eichmann und seine Taten, sondern darum, dass der Holocaust als Ganzes zur Sprache kommen sollte.[48] Ben Gurion verfolgte dabei drei Hauptziele: Erstens wollte er die Länder der Welt daran erinnern, dass der Holocaust sie verpflichte, den einzigen jüdischen Staat zu unterstützen, und zweitens wollte er den Israelis, insbesondere der jüngeren Generation, eindrücklich vorführen, was sie aus dem Holocaust zu lernen hatten.[49]

Die jungen jüdischen Israelis sollten sich bewusst werden, dass sie einem starken und mächtigen Staat angehörten, der es unmöglich machte, dass sich Juden noch einmal wie Lämmer zur Schlachtbank führen ließen. Der Prozess würde sie mit Nationalstolz erfüllen. Er war von Ben Gurion also geradezu als pädagogisches Projekt geplant. Zudem gab es Gruppen in Israel wie etwa die orientalischen Juden, die vom Holocaust nicht betroffen waren und deshalb von ihm auch nichts wussten. Der Genozid sollte durch den Prozess – das war das dritte Ziel – ein Teil auch ihrer Identität werden. Die Aburteilung Eichmanns sollte also ein »kollektives Erlebnis, eine packende, läuternde und patriotische Erfahrung, eine nationale Katharsis« sein.[50]

Ben Gurion wollte vor allem auch mit dem Prozess die Einzigartigkeit des Holocaust belegen. Er bezeichnete den Genozid als »beispiellos in der Geschichte« und machte auch die Diaspora-Juden dafür verantwortlich, weil sie nicht »in ihrem eigenen Land« [Erez Israel] leben wollten.[51] Mit anderen Worten: Wären sie nach Palästina ausgewandert und hätten sich am Aufbau des zionistischen Staates beteiligt, wäre der Holocaust nicht möglich gewesen.

Der Eichmann-Prozess war also als Propaganda-Lehrstück geplant und wurde auch so durchgeführt. Erinnern sollte in Israel fortan eine Verpflichtung werden und im Dienst der Politik stattfinden. Die Opfer des Holocaust wurden zu den »potentiellen Erbauern und Verteidigern« des Staates gemacht – aus ihrer Asche sei er hervorgegangen.[52] Es wurde durch den Prozess also eine Ideologie geschaffen, was aber auch den Beginn der Instrumentalisierung dieses Mega-Verbrechens bedeutete.

5. Die Zionisierung des Holocaust und seines Gedenkens

Der Eichmann-Prozess hatte auf der einen Seite national-pädagogische Absichten verfolgt, auf der anderen Seite leitete er die Zionisierung des Holocaust ein. Das bedeutete aber auch die Absage an eine universalistische Sicht des Genozids. Das zionistische Israel benutzte und vereinnahmte den Holocaust von nun an so gut wie ausschließlich für das Erreichen seiner partikularen Interessen. Der Massenmord an den europäischen Juden wurde nicht nur als das überzeugende Argument für die Lösung der »jüdischen Frage« durch den Zionismus angesehen, sondern die Gründung des Staates Israel wurde nun als Antwort der Juden auf die ihnen widerfahrende Katastrophe verstanden.

Moshe Zuckermann hat dieses ideologische Dogma so zusammengefasst: »Die historische *Notwendigkeit* des zionistischen Staates, mithin die vermeintliche Unabdingbarkeit des Zionismus für das Fortbestehen des jüdischen Volkes, war mit Auschwitz zur ideologisch eingebetteten, zweckrationalen

Gewissheit avanciert. Wenn sich nun aber die *Raison d'être* von der Monstrosität des Völkermordes herleitete, musste die Shoa eine wesentliche Funktion bei der ideologischen Konsolidierung des sich unter äußerst schwierigen historischen, politischen und militärischen Bedingungen herausbildenden Selbstverständnisses der neuerschaffenen israelischen Kollektivität erfüllen. Die Shoa hatte Israel objektiv notwendig gemacht; sie musste nun für die ideologische Perpetuierung der Notwendigkeit herhalten.«[53]

Der zionistische Staat sorgte nun dafür, dass der Holocaust das gesamte Leben in Israel bestimmt, er spielt bei jeder politischen oder militärischen Entscheidung bzw. deren Ablehnung oder Verweigerung eine wichtige Rolle. Die Folgen sind gravierend, denn »dadurch machte Israel sich zu einer ahistorischen und apolitischen Grauzone, in der Auschwitz nicht länger ein der Vergangenheit zugehöriges Ereignis, sondern vielmehr eine bedrohliche Gegenwart und ständige Option ist.«[54] Das bedeutet aber auch, dass Israel sich immer mehr isolierte, sich jede Kritik von außen als »antisemitisch« verbat, sich auf diese Weise aber einen quasi sakrosankten Status verlieh und sich einem kritischen Dialog mit seiner Umwelt verschloss.[55]

Wenn der Holocaust die Legitimationsideologie für den jüdisch-israelischen Staat ist, dann ergibt sich daraus auch konsequent, dass er das Monopol für die institutionalisierte Erinnerung an diesen Genozid beansprucht. Zu dieser ideologischen Haltung gehört aber unabdingbar auch das Bewusstsein, das »ewige Opfer« zu sein. Aus dem Grauen der jüdischen Erfahrung heraus wird dann alles gerechtfertigt. Immer sieht sich Israel kurz vor der Auslöschung und der kollektiven Vernichtung.

Die Bedrohung durch einen neuen Holocaust wird ständig bei Allem und Jedem propagiert, weshalb die militärische Sicherheit absolute Priorität genießt. Das Sicherheitsdenken hat die Sonderstellung des Militärs und der Geheimdienste zur Folge, die als »Wächter der Nation« angesehen werden, die Sicherheit wird ideologisiert und zum Mythos verklärt. In der Innen- wie der Außenpolitik gilt sie als unantastbar, weil sie für existenziell gehalten wird.[56]

Aus dem Holocaust und dem Sicherheitsdenken wird abgeleitet, dass Israel »alles erlaubt ist!«: jede Ausübung von Gewalt – auch außerhalb des Landes, wobei Völkerrecht und Menschenrechte keine Rolle spielen. Auch die Besetzung palästinensischen Territoriums und seine Besiedlung sowie die Unterdrückung dieses Volkes durch eine brutale und unmenschliche Okkupation werden so gerechtfertigt. Um die unerbittliche, feindselige Haltung gegenüber den Palästinensern zu begründen, wird der Konflikt mit diesem Volk aus seinen politisch-historischen Zusammenhängen und Dimensionen herausgelöst und mit sprachlichen und ideologischen Anleihen an den Holocaust zur Fortsetzung des genoziden Geschehens durch den NS-Staat erklärt.

Die Araber waren in der Sicht Ben Gurions nicht bloß eine Neuauflage der Nazis, »Hitlers Adepten«, sie verkörperten sogar die Rolle ihrer Lehrmeister. Denn Ben Gurion unterstellte, wie später Netanjahu, den Arabern sogar, dass Hitler seine Inspiration zur »Endlösung« von ihnen bezogen habe. Er argumentierte in Bezug auf den Holocaust ständig mit der arabischen Gefahr und rechtfertigte Israels Setzen auf militärische Stärke und Überlegenheit mit der Aussage: »Wir wollen nicht ins Ghetto zurückkehren, wir wollen nicht, dass die arabischen Nazis kommen und uns abschlachten.«[57] In diesem Sinne betrachtete Ben Gurion vor allem den ägyptischen Staatschef Gamar Abdul Nasser als »neuen Hitler«, dessen Absicht es sei, Israel zu vernichten.[58]

Die Erklärung der Araber bzw. Palästinenser zu den »neuen Nazis« und die Stilisierung jedes auch noch so kleinen militärischen Konflikts als »neuen Holocaust« ist eine gängige Aussage der israelischen politischen Elite seit der Staatsgründung. Netanjahu verglich PLO-Chef Jassir Arafat immer wieder mit Hitler und behauptete, dass der Mufti von Jerusalem Hadj Amin al-Husseini, der mit den Nazis paktiert hatte, Hitler die Idee zum Holocaust geliefert habe. Das alles sind Mythen, die mit der Realität wenig oder nichts zu tun haben und eher aus der politischen Realität Israels heraus zu verstehen sind – als Vorwände für eine Absage, den Konflikt mit den Palästinensern und den Arabern insgesamt zu lösen (zur Dämonisierung der Araber als die »neuen Nazis« siehe auch Kapitel I, 7). Idith Zertal bezeichnet die ständigen Vergleiche arabischer Führer mit Hitler oder anderen NS-Größen durch israelische Politiker als eine »verzerrte Wahrnehmung der Realität« und als Phänomene kollektiver Panik oder Gruppenhysterie.[59]

6. Die Instrumentalisierung des Holocaust blieb im Judentum nicht unwidersprochen

Gegen das Verhalten des Jischuw während des Holocaust und die spätere totale Vereinnahmung dieses Verbrechens durch die israelische politische Elite – also gegen die Zionisierung des Genozids – wurde von kritischen Intellektuellen in Israel und der jüdischen Diaspora bald heftige Kritik geäußert. Einige Beispiele sollen hier angeführt werden. Berühmtheit erlangte das schon erwähnte Interview, in dem der Holocaust-Forscher Saul Friedländer Ben Gurion für seine Einstellung zum Holocaust attackierte und dafür verantwortlich machte, dass er so gut wie nichts zur Rettung der bedrohten Juden getan habe.

Ein unerbittlicher Kritiker des israelischen Umgangs mit dem Holocaust war der britisch-amerikanische Historiker Tony

Judt (1948–2010). Er klagte Israel für die Relativierung, Entwertung und Trivialisierung des Massenmordes an. Denn der zionistische Staat habe eine Analogie hergestellt zwischen der Situation und den Herausforderungen, in denen sich das Land befinde, und den Bedrohungen, denen die Diaspora-Juden in der NS-Zeit ausgesetzt waren. Diese Analogie sei aber fiktiv, sie sei nur – den Holocaust instrumentalisierend – wegen ihres politischen Nutzens erfunden worden. Insofern habe Israel den geschichtlich realen Holocaust zu einem Mythos gemacht, der zu nationalen Zwecken von einem Staat ausgebeutet werde, der damals nicht einmal existiert habe.

Israel habe – so Judt weiter – das Schicksal des Holocaust-Gedenkens mit seinem eigenen verknüpft und so internationale Reaktionen von Wut bis Verachtung hervorgerufen. Der Holocaust sei Teil einer umfassenderen Geschichte und nicht nur eine moralische Lehre für Juden. Wenn dieser Staat sich den Genozid auf eine Weise aneigne, die Außenstehenden als eine zynische Instrumentalisierung erscheine, werde Israel selbst verantwortlich für seine Entwertung sein.

Judt zieht folgende Bilanz: »Das sind schlechte Nachrichten für Israel – das sich, wie Idith Zertal so treffend beschreibt, auf dem Weg dahin befindet, zu einem Altar und Tempel des Auschwitz-Gedenkens zu werden –, ist aber auch für uns Übrige ein Menetekel. Der Holocaust gehört Israel so wenig wie den Juden. Er ist, wie kluge jüdische Beobachter geschrieben haben, vor allem ein Problem und eine Herausforderung für Nichtjuden. Setzt Israel aber seinen gegenwärtigen Weg fort, verbindet es seine gedankenlose und selbstzerstörerische Politik weiterhin selbstmitleidig mit einem singulären Anspruch auf Gedenken und Deutung des Holocaust, werden wir es bald mit einer neuen Generation von Europäern und Amerikanern zu tun haben, die – mit der Verpflichtung konfrontiert, die Geschichte des Holocaust oder des Antisemitismus zu studieren – nur die Stirn runzeln und gähnen werden.«[60]

Die israelische Soziologin Eva Illouz weist auf die Gefährlichkeit der Opferrolle hin, die Israel für sich beansprucht. Nicht nur Täter, sondern auch Opfer [in diesem Fall die Israelis] seien *per se* kognitiv und emotional befangen. Sie widmeten sich dem ihnen zugefügten Leid als dem absoluten Bösen und seien so unfähig, über dieses Leid hinauszugehen und sich für Versöhnung, Vergebung und Solidarität einzusetzen. Eine Politik, die sich aus der Opferrolle heraus definiere, sei nicht nur engstirnig, sondern auch gefährlich, weil sie Hass und Ressentiment legitimiere, die Logik des »sie gegen uns« fortschreibe und letztlich nicht dazu in der Lage sei, die Logik der Diskriminierung mittels eines breiten, auf Gleichheit und Brüderlichkeit ausgelegten Gesellschaftsvertrages zu überwinden.[61]

Idith Zertal sieht im israelischen Staat durch seine Art des Holocaustgedenkens eine »Gemeinschaft des Todes, eine nationale Opfergemeinschaft«. In dieser Gemeinschaft vereinnahmten die Lebenden die Toten, instrumentalisierten sie und gäben ihrem Tod eine Bedeutung nach eigenem Gusto, schafften so jene »gemeinsame Stadt« von Lebenden und Toten, in der die Toten eine stete, ultimative Legitimation für die Taten der Lebenden darstellten – wie immer diese auch ausfallen mögen.[62]

Idith Zertal merkt auch an, dass Israel aufgrund seines stereotypen, massenhaften und aus dem Zusammenhang gerissenen Gebrauchs des Holocaust ausgerechnet zum Epizentrum der Entwertung und Trivialisierung des Holocaust geworden sei.[63] Moshe Zuckermann steigert diese Aussage noch, wenn er schreibt, dass nirgends auf der Welt die Banalisierung der Shoa, mitunter ihre Trivialisierung durch inflationäre Verwendung in einer hanebüchenen Alltagsrhetorik so unverhohlen skrupellos betrieben werde wie in dem Land, das die Einzigartigkeit, mithin die Unvergleichbarkeit der Shoa auf seine staatsoffiziellen Gedenkfahnen geschrieben habe.[64]

Zuckermann spricht sich mit aller Schärfe gegen einen kausalen Zusammenhang von Holocaust und der Entstehung Israels aus. Wenn die Errichtung Israels die »Antwort« auf die dem jüdischen Volk widerfahrende Katastrophe sei, dann stehe in dieser Sicht die Staatsgründung im Vordergrund und nicht der Holocaust, was letzteren abwerte. Wenn der Holocaust aber – universal gesehen – eine Zäsur in der Menschheitsgeschichte, ein »Zivilisationsbruch« sei, dann verbiete es sich, die Staatsgründung mit diesem Genozid sinnstiftend in Verbindung zu bringen. Der Holocaust könne nur aus sich selbst heraus verstanden werden.[65]

Zuckermann wirft dem zionistischen Staat deshalb vor, sich nie mit der human-universellen, also überjüdisch moralischen Bedeutung des Holocaust als historischem Ereignis von gesamtzivilisatorischer Bedeutung auseinandergesetzt zu haben, sondern Israel hätte ihn durchgehend bei der Verfolgung seiner partikularen, das heißt ideologischen Ziele instrumentalisiert, was aber seiner universellen Dimension wesensfremd sei.[66] Zuckermann stellt wegen dieser ideologischen Instrumentalisierung des Holocaust in Frage, ob Israel die Toten dieser Katastrophe jemals richtig erinnert habe.[67]

Wirkliches Erinnern finde – so Zuckermann – nur statt, wenn es der Opfer im Stande ihres Opferseins, also um ihrer selbst willen gedenke. Israel maße sich aber selbst den Status als »Opfer« an, um daraus heteronomes Kapital zu schlagen, mithin entleere es den Begriff des Täter-Opfer-Verhältnisses auf das Schändlichste und verkehre ihn nachgerade.[68] Zum wirklichen Erinnern gehöre auch das Gedenken der historischen Situation, die wehrlose Opfer habe entstehen lassen. Nur so könne man verstehen, wie solche Situationen in Zukunft verhindert werden könnten.[69]

Zuckermann geht in seiner Argumentation aber noch einen Schritt weiter und bezieht die gegenwärtige politische Situation mit ein. Da Israel nicht in der Lage gewesen sei, der ermordeten Juden im Stande ihres Opferseins zu gedenken, belege das auch, dass dieser Staat nie wirkliche Trauerarbeit geleistet habe. Hätte der Zionismus wirklich Trauerarbeit geleistet und universelle Folgerungen aus dem Holocaust gezogen, wäre es kaum möglich, dass Israel die »Opfer der ultimativen Barbarei« auf das »Perfideste« instrumentalisiere, um die Politik barbarischer Unterdrückung und fortwährender Menschenrechtsverletzungen (gegenüber den Palästinensern) zu verteidigen. Israel, das das Monopol und die aus ihm sich ergebende sittliche Folgerung des »Nie wieder!« für sich beanspruche, sei zum »Sachwalter barbarischer Gewalt, moralischer Repression und menschenverachtender Politik geworden«.[70]

Zuckermann bilanziert: »Das jüdische Kollektiv im Staate Israel ist es, welches der Konfrontation mit der entsetzlichen Wahrheit nicht entkommen kann, dass jede ›Abnormität‹ im Gaza-Streifen, jedes Opfer eines ›Schusses in die Luft‹ in der Westbank, jeder Akt brutaler Repression, der sich direkt oder indirekt aus dem Tatbestand der israelischen Okkupation ableitet, es – das jüdische Kollektiv in Israel – von der sittlich-humanen, ihm von den Holocaust-Opfern als verpflichtendes Erbe auferlegten Identität entfernt, um es in zunehmende Maße an eine der Mörder-Identität verschwisterten Mentalität zu ketten. Es irrt, wer den Spruch ›Meine Vernunft ist in Auschwitz verbrannt‹ zur Rechtfertigung einer jeden Untat des israelischen

Staates heranzieht: Nicht seine Vernunft, sondern seine *Sittlichkeit* ist dort verbrannt, und gerade damit – indem er die sich aus dem Holocaust ableitende universelle Forderung: ›Nie mehr Repression, nie wieder Lager für den Menschen als Menschen!‹ verleugnet – besudelt er vor allem das Andenken der Opfer von Auschwitz.«[71]

Zuckermann verwehrt Israel sogar das Recht, sich als nicht hinterfragbarer Platzhalter der Holocaust-Erinnerung und Träger des Andenkens der historischen Opfer zu wähnen und darzustellen.[72]

7. Wie der Zionismus den Konflikt mit den Palästinensern ideologisch umdeutet

Die Zionisten haben den Arabern lange Zeit unterstellt (und tun das zum Teil auch heute noch), sie vernichten zu wollen. Um dies zu belegen, deuten sie den Nahost-Konflikt einfach ideologisch um. Der deutsch-israelische Historiker Dan Diner hat herausgearbeitet, wie die Zionisten das bewerkstelligt haben. Die jüdische Seite in Israel wie auch die Mehrheit der Juden in der Welt benutzen ein psychologisches Deutungsmuster des Konflikts, das dessen Ursachen in Palästina verleugnet und verdrängt und behauptet, in Palästina verlängere sich das, was in Europa von den Nazis nicht vollendet wurde. Die Rolle, die der Zionismus und seine koloniale Praxis in dieser Auseinandersetzung spielen, wird also völlig ignoriert. So findet eine psychische Verschiebung statt, eine Umkehr des wirklichen Geschehens.

Die verbissene Auseinandersetzung zwischen Israelis und Palästinensern ist – das ist Dan Diners Ausgangspunkt – ein Streit um Fakten, um empirische Tatsachen. Es geht um die Frage, welche Wirklichkeit sich in Palästina überhaupt zugetragen hat und welche Wirklichkeit heute dort noch stattfindet. Ohne eine klare und realistische Verständigung über das, was in Palästina geschehen ist und noch geschieht, gibt es keine Chance für einen Frieden. Eine verfälschte und manipulierte Sicht der Geschichte erhöht dagegen die Spannungen.

Den Kern des hier angesprochenen Verdrängungsprozesses beschreibt Diner so: »Das Grundmuster in der Konfliktwahrnehmung der überwiegenden Mehrheit der israelischen Juden ist im Wesentlichen Verleugnung des Geschehens – der Mittel und Maßnahmen des Kolonisationsprozesses, wie er gegen die arabisch-palästinensische Bevölkerung des Landes zur Herbeiführung eines jüdisch-nationalen Staatswesens durchgesetzt wurde; schließlich Verleugnung einer palästinensischen Existenz überhaupt. Ersetzt wird diese verleugnete Wirklichkeit in Palästina durch Deutungen, die mit den schrecklichen und wirklichen Erfahrungen der Juden, ihrer Verfolgung bis hin zum Versuch ihrer totalen Vernichtung in der Diaspora in Verbindung stehen. Sie wirken sich hinsichtlich der Wahrnehmung der Realität wie eine *Plombe* aus: sie dichten ab.«[73]

Die jüdische Seite leugnet also die kolonialen Ursprünge und Verlaufsformen der Gewalt in Palästina und deutet den Konflikt als Fortsetzung der Geschichte *außerhalb* Palästinas. Der wirkliche Konflikt dort wird auf diese Weise seiner Bedeutung enthoben. Er wird nur instrumentalisiert, um seine Sinngebung aus dem Nahen Osten nach Europa zu verlagern. Die israelische Gegenwart wird also nicht aus den politischen Realitäten in der nahöstlichen Region heraus gedeutet, sondern mittels Metaphern aus der entsetzlichen Vergangenheit in Europa, also vor allem dem Holocaust. Das Mega-Verbrechen an den Juden durch die Nazis bestimmt also ganz maßgeblich das Verständnis der Auseinandersetzung mit den Palästinensern und hilft dabei, die realen Ursachen des Konflikts und seine Austragungsformen zu verleugnen.

Es fand also eine historische Umkehrung statt. Die arabische Bevölkerung, die die Angegriffenen, die Verdrängten, Vertriebenen, Enteigneten und Kolonisierten waren und sind, wurden von der siedlerkolonialistischen zionistischen Seite in die Rolle der Angreifer, der »Nazis« und »Terroristen« versetzt. Die israelischen Juden nahmen sich selbst – entsprechend der langen Verfolgungsgeschichte der jüdischen Diaspora in Europa – als die Hassobjekte und Angriffsziele, also als die Opfer wahr. Diese seelische Verschiebung oder Verkehrung von Tätern und Opfern macht es möglich, dass die jüdische Seite sich auch von jeder Schuld für die Verbrechen, die sie an den Palästinensern begangen hat und begeht, freisprechen kann, die eigene Schuld wird schlicht verleugnet. Die Vertreibung der Palästinenser wird mit Ereignissen in Verbindung gebracht, die ihren Grund in Europa haben. So kann Israel auch die politische Moral in Frage stellen, aus der heraus Kritik an seiner Politik geübt wird.[74] Hier liegt bei den israelischen Juden das in der Psychoanalyse so bekannte Phänomen der Wiederkehr des Verdrängten vor: Geschichts- und Gegenwartsverfälschung hängen zusammen, weil alles, was in der Vergangenheit verdrängt wurde, in der Gegenwart nicht gesehen und wiederholt wird.[75]

Diner beschreibt das Phänomen und weist darauf hin, dass das Zwangsmoment der Wiederholung auch ganz maßgeblich dafür verantwortlich ist, dass eine Lösung des Konflikts so gut wie ausgeschlossen ist: »Das Zwangsmoment der Wiederholung blockiert auf gefährliche Weise Einsichten in die Ursprünge, den realen Verlauf und die sich möglicherweise ergebenden Ausstiegsmöglichkeiten aus dem Palästinakonflikt. Wenn die konkreten Opfer der zionistischen Kolonisation, die Palästinenser, mit Tätern oder gar den nazistischen Tätern gleichgesetzt werden, aber die wirklichen Angreifer in dem Konflikt, die zionistischen Israelis, sich selbst als überhistorische Opfer wahrnehmen, dann wird jede Möglichkeit, den realen Gegensatz zu überwinden, zwangsläufig blockiert. Das politische Bewusstsein bleibt über die europäische Erfahrung geblendet. Die Vermischung des konstitutiven Holocaust in Europa mit dem realen Konflikt in Palästina kann nur vermeintlich jene Verletzung heilen, zur richtigen Zeit den entscheidenden Kampf versäumt zu haben. Für das Leben und das Überleben von Israelis und Palästinensern stellt ein solches Bewusstsein eine entscheidende Gefahr dar.«[76]

Dan Diner weist noch auf ein anderes für das jüdische Bewusstsein wichtiges Faktum hin, das eine Folge der Vermischung der Judenvernichtung in Europa mit dem Palästina-Konflikt ist: Für Juden in Israel und auch in der Diaspora sei entscheidend, dass das eigene Opfer im Palästina-Konflikt – mit der absoluten *Sinnlosigkeit* der Opfer der nationalsozialistischen Judenvernichtung verglichen – sich wie eine Bestätigung *sinnhafter* Existenz ausnehme. Das heißt aber: Solange das Bewusstsein vom Holocaust nicht vom realen Konflikt getrennt werde, solange werde das Entsetzen über und das Maß der Massenvernichtung durch die Nationalsozialisten zum relevanten Gradmesser für das gegenwärtige Töten und Sterben in Palästina.[77]

Hier liegt also eine doppelte Instrumentalisierung des Holocaust vor, denn Israel benutzt ihn, um den Palästinensern Verbrechen vorzuwerfen, die sie gar nicht begangen haben. Die Erinnerung an das Mega-Verbrechen wird also auf den Kopf gestellt und in einen völlig falschen historischen Kontext gebracht – mit dem klaren propagandistischen Ziel, die Palästinenser als Partner für eine Friedenslösung auszuschließen.

Denn ein jüdischer Staat kann mit »Nazis« nicht zu einer Lösung des Konflikts kommen.

Außerdem wird die Vermischung der jüdischen Vergangenheit in Europa mit der Gegenwart in Palästina für die Aufrechterhaltung eines jüdischen Staates dort instrumentalisiert. Die Zwangsmaßnahmen gegen die Palästinenser, die Diskriminierung und die Nichtgewährung gleicher und kollektiver Rechte wird mit der europäischen jüdischen Erfahrung gerechtfertigt. Eine Strukturveränderung, das heißt die Herstellung von Gleichheit vor dem Gesetz für alle Bewohner Palästinas, würde die nationale zionistische Staatlichkeit Palästinas in Frage stellen. Genau diese Ausgangslage macht eine Lösung des Konflikts so schwierig, wenn nicht unmöglich.

8. »Die Notwendigkeit, den Holocaust zu vergessen«

Das Gedenken an das Mega-Verbrechen Holocaust ändert sich mit dem Zeitgeist. Bis zum Eichmann-Prozess 1961 waren der Holocaust und auch die eingewanderten Überlebenden – trotz der Einrichtung eines Gedenktages und der Errichtung eines Museums – eher schweigend übergangen worden. Die Gründe für das Schweigen über den Holocaust und für die Entfremdung gegenüber den Überlebenden waren der Widerspruch der zionistischen Ideologie zur Diaspora und den Überlebenden (es galt das Ideal des »neuen Juden«). Das Schuldgefühl rührte aus der hochmütigen Verachtung der Diaspora her und fand in der Frage »Warum habt Ihr Euch wie Lämmer zur Schlachtbank führen lassen?« beredten Ausdruck. Die Wende der Erinnerung kam erst mit dem Eichmann-Prozess. Das zionistische Establishment fühlte sich nun stark genug, das von ihr konstruierte Holocaust-Erinnerungsbild in die staatliche Existenz einzubauen und dieses Kapitel der jüdischen Geschichte auch instrumentell zu verwerten. Das Erinnern wurde in den Dienst der Politik des Staates gestellt.

Der Sieg im Krieg von 1967 verstärkte das Erinnerungsengagement für den Holocaust weiter. Die gängige Erklärung für diese Steigerung ist, dass Israels bedrohte Situation vor und während dieses Krieges die Intensivierung der Erinnerung hervorgerufen hat. Zu dieser Entwicklung habe entscheidend beigetragen, so Norman G. Finkelstein, dass die USA nach dieser überwältigenden Demonstration israelischer militärischer Stärke dazu übergingen, sich diesen Staat als strategischen Sitz einzuverleiben. Dementsprechend hätten die jüdischen Eliten der USA plötzlich Israel entdeckt, sie wären also im Gleichschritt mit der amerikanischen Macht marschiert. Um ihren neuen strategischen Besitz zu schützen, hätten sich diese Eliten an den Holocaust erinnert.[78]

Auch wenn die paranoide Angst vor einer neuen jüdischen Katastrophe immer eine Rolle spielt, spricht doch viel für Finkelsteins Argument, denn Israel musste sich ab 1967 rechtfertigen. Es hatte in diesem Krieg große Gebiete erobert, weigerte sich in der Folgezeit, sie – in Verletzung des Völkerrechts – wieder herauszugeben, es begann direkt mit der Besiedlung. Es entstand eine regelrechte Holocaust-Ideologie und sie liefert für dieses siedlerkolonialistische Unternehmen mit seinen völkerrechtswidrigen Verbrechen die Rechtfertigung. Nach 1967 trat also eine erneute Wende in der Interpretation des Holocaust ein. Seine Instrumentalisierung hatte nun vor allem die Funktion, das Unrecht, das Israel mit der Inbesitznahme der palästinensischen Gebiete und seiner brutalen Besatzungspolitik beging, vor Kritik zu schützen.

In Israel mehrten sich deshalb die Stimmen, die Kritik an der Holocaust-Ideologie übten und eine große Gefahr für den Staat darin sahen, seine Existenzberechtigung aus einem furchtbaren Trauma abzuleiten – eben dem Holocaust. Die Besessenheit von dieser Katastrophe und ihre totale Gegenwärtigkeit in allen Belangen des Lebens und ihre ebenso totale Instrumentalisierung für so gut wie jeden Zweck sind ein wesentlicher Grund für die tiefe Krise, in der sich das zionistische Israel befindet. Einer der ersten, der die Anzeichen des israelischen Dilemmas erkannte und auch aussprach, war der Philosoph Yehuda Elkana von der Universität Tel Aviv. Dieser Gelehrte wusste, wovon er schrieb, als er im März 1988 seinen Essay *Die Notwendigkeit, zu vergessen* in der Tageszeitung *Haaretz* veröffentlichte.[79] Er wurde als Junge von zehn Jahren nach Auschwitz gebracht und überlebte das Vernichtungslager. Seine Ausführungen haben durchaus psychoanalytischen Charakter, denn sie konstatieren genau das, was auch andere Analytiker/innen wie Judith Butler festgestellt hatten: Es muss Klarheit und Distanz zwischen »damals« und »heute« hergestellt werden, was nur mit Hilfe der Durcharbeitung des Traumas geschafft werden kann, damit die Vergangenheit nicht mehr die Gegenwart beherrscht, die Vergangenheit also nicht mehr als Gegenwart wiederholt wird.[80]

Als israelischer Jude trifft Elkana am Anfang seines Textes eine erstaunliche Feststellung: Er sei in der Zeit nach Auschwitz vielen Menschen begegnet, ihm sei dabei klar geworden, dass das, was in Deutschland geschehen ist, überall geschehen könnte: in jedem Volk, auch in seinem eigenen. Solch schreckliche Ereignisse könne man nur durch eine entsprechende Erziehung und den richtigen politischen Rahmen verhindern. Es habe in der Vergangenheit nie einen politischen Prozess gegeben, der notwendigerweise zu einem Genozid geführt habe.

Elkana stellt dann eine Verbindung zwischen dem Holocaust und der aktuellen politischen Situation in Israel her: »In der letzten Zeit kam ich zu der Überzeugung, dass der ausschlaggebende politische und soziale Faktor, der die israelische Gesellschaft in ihren Beziehungen zu den Palästinensern motiviert, nicht persönliche Frustration ist, sondern eher eine tiefe existenzielle *Angst* [Elkana benutzt hier das deutsche Wort *Angst*], die sich von einer bestimmten Interpretation der Lehren des Holocaust nährt, und der Bereitschaft zu glauben, dass die ganze Welt gegen uns ist und dass wir die ewigen Opfer sind. In diesem uralten Glauben, der von vielen geteilt wird, sehe ich den tragischen und paradoxen Sieg Hitlers. Zwei Nationen tauchten – bildlich gesprochen – aus der Asche von Auschwitz auf: eine Minderheit, die erklärt: ›Dies darf nie wieder geschehen‹, und eine angsterfüllte und verfolgte Mehrheit, die erklärt: ›Dies darf *uns* [den Juden] nie wieder geschehen‹. Wenn dies die einzigen Lehren sind, dann habe ich mich immer an der ersteren festgehalten und die zweite als eine Katastrophe angesehen. Hier unterstütze ich nicht eine dieser beiden Positionen, sondern möchte lieber behaupten, dass jede Lebensphilosophie, die sich nur oder zum Teil aus dem Holocaust nährt, zu verheerenden Konsequenzen führt.«

Und weiter: »Geschichte und kollektive Erinnerung sind untrennbarer Bestandteil jeder Kultur, aber die Vergangenheit kann nicht und darf nicht das herrschende Element sein, das die Zukunft der Gesellschaft und das Schicksal eines Volkes entscheidend bestimmt. Die bloße Existenz der Demokratie ist gefährdet, wenn das Gedächtnis an die Toten aktiv am demokratischen Prozess teilnimmt. Faschistische Regime verstehen dies sehr wohl und handeln danach. Wir verstehen es heute, und es ist kein Zufall, dass viele Studien über Nazi-Deutschland sich mit der politischen Mythologie des Dritten Reiches befassen. Indem man sich auf die Lehren der Vergangenheit verlässt, um die Zukunft zu bauen – und das vergangene Leiden als politisches Argument ausbeutet –, bezieht man die Toten in das politische Leben der Lebenden mit ein.«

Elkana beruft sich auf eine Aussage von Thomas Jefferson, dass Demokratie und die Verehrung der Vergangenheit nicht vereinbar seien, denn Demokratie fördere die Gegenwart und die Zukunft. Zu viel »Erinnere Dich!« und eine zu große Sucht nach der Vergangenheit untergrüben die Fundamente der Demokratie. Elkana macht das tiefe Eindringen des Holocaust in das nationale israelische Bewusstsein dafür verantwortlich, dass der Konflikt zwischen Israel und den Palästinensern zu so vielen »Anomalitäten« geführt habe und dass der politische Friedensprozess heute in einer solchen Sackgasse gelandet sei.

Die größte Bedrohung für die Zukunft Israels, wiederholt er noch einmal, sieht er darin, dass der Holocaust systematisch und gewaltsam in das Bewusstsein der israelischen Gesellschaft eingedrungen sei, selbst in jenen Teil, der die Erfahrung des Holocaust gar nicht durchgemacht habe, und selbst in jene Generation, die in Israel geboren und aufgewachsen sei. Er fährt fort: »Was uns betrifft – müssen wir vergessen lernen! Heute sehe ich für die Führer der Nation keine wichtigere politische und pädagogische Aufgabe, als für das Leben einzutreten, sich der Gestaltung unserer Zukunft in diesem Lande zu widmen und nicht tagaus, tagein nur mit den schrecklichen Symbolen, quälenden Zeremonien und der düsteren Lehre des Holocaust beschäftigt zu sein. Sie müssen die Vorherrschaft dieses historischen ›Erinnere Dich!‹ über unser Leben unbedingt beenden.« Elkana erklärt zum Schluss seines Essays noch, wie er das Vergessen verstanden wissen will: Er plädiert nicht dafür, dass die Nation ihre eigene Vergangenheit total vergessen soll, sondern dafür, dass Israel den Holocaust aus der Mitte der nationalen Erfahrung nimmt.

Wenige Jahre später trat der frühere Präsident der Knesset, Avraham Burg, mit seinem Buch *Hitler besiegen. Warum Israel sich vom Holocaust lösen muss* an die Öffentlichkeit. Burg betont, wie wichtig die Erinnerung für die geistige Gesundheit einer Nation sei, und deshalb müsse der Holocaust eine herausragende Stellung im Erinnerungsmosaik Israels einnehmen. Aber so, wie sich das Gedenken heute gestalte – das absolute Monopol und die Dominanz des Holocaust über alle Aspekte des israelischen Lebens –, verwandle es diese Erinnerung in ein lächerliches Privileg und lasse brennenden Schmerz hohl und kitschig werden. Je mehr Zeit vergehe und je tiefer Israel in Auschwitz feststecke, desto schwerer werde es, sich daraus zu befreien. Die Israelis zögen sich aus der neu gewonnenen staatlichen Unabhängigkeit zurück in die Tiefen des Exils mit seinen Erinnerungen und Schrecken. Israel sei heute wesentlich abhängiger vom Holocaust als bei seiner Gründung und stärker von dieser Katastrophe geprägt als drei Jahre nach Schließung der Todesfabriken der Nazis.[81]

Durch den Holocaust sei Israel zur Stimme der Toten geworden und spreche mehr im Namen derer, die nicht mehr sind als im Namen der Lebenden. Die Lebensweise Israels sei kämpferisch gegen Freund und Feind. Der Krieg sei mittlerweile eher die Regel als die Ausnahme. Man könne sagen, die Israelis setzten nur auf Gewalt. Israel habe keine Alternative zur Gewalt und keinen Willen, sie einzuschränken. Man habe eine Anomalie (den Holocaust) zur Doktrin erhoben und verstehe jetzt nur noch die Sprache der Gewalt. Die Folge sei: »Ein Staat, der mit dem Schwert regiert und seine Toten glorifiziert, muss in einem ständigen Ausnahmezustand leben, weil jeder ein Nazi, jeder ein Araber ist, alle uns hassen und die ganze Welt gegen uns ist.«[82]

Die Kritik an Israels Politik ist berechtigt: »Holocaust, Pogrome, selbsthassende Juden – wieder entscheiden Antisemitismus, Hakenkreuze und Hitler die Debatte über jüdische Identität, und die Chance zum Dialog stirbt, noch bevor er überhaupt begonnen hat.« Wie kann sich Israel aus dieser Verstrickung und der Abhängigkeit befreien? Es muss sich entscheiden, schreibt Burg, für das Leben und die Zukunft und nicht für den Tod: »Für eine bessere Welt, deren Basis Hoffnung, nicht ein Trauma, Vertrauen in die Menschheit, nicht ein misstrauischer Isolationismus und Paranoia sind. Die Trauerzeit ist zu Ende. Wir leben jetzt im siebten Jahrzehnt nach der Shoa, und wir müssen Sack und Asche ablegen und weiterleben, ein anderes Leben.«[83]

Es gibt diese Stimmen der Hoffnung in Israel, auch wenn es nur wenige sind. Sie haben verstanden, dass Leben und Zukunft zu gewinnen nur bedeuten kann, sich der Ideologie der »Angst« zu entledigen, die Ursachen der Angst zu beseitigen und anzufangen, sich wirklich zu erinnern.[84] Die Psychoanalyse weiß im Gegensatz zur Politik, was Erinnerung eigentlich ist: Das Grauen, das Erleben der Angst und der Schmerzen dessen, der der Gewalt des Anderen ausgeliefert ist, müssen wiederbelebt werden. Dieses durcharbeitende Wiederbeleben der Vergangenheit erst macht es möglich, in Trauer und Schmerz ein Gefühl dazu zu entwickeln, dass diese Ereignisse und Szenen Wirklichkeit waren. Werden Trauer und Schmerz so erlebt, werden das »Zu-Gericht-Sitzen« über und das Beschuldigen gegen den Anderen überflüssig. Die Vergangenheit muss also in der Gegenwart wiederhergestellt werden, vollständig, auch emotional mit allen bis dahin unbewusst gebliebenen Anteilen. Nur so ist eine Bewusstseinsveränderung möglich und nur so lässt sich Menschlichkeit zurückgewinnen: Indem die damaligen

Menschen, Opfer wie Täter, als Mitmenschen angesehen werden – mit Trauer und Schmerz über das, was sie erlitten, und das, was sie taten. So hat es die deutsche Psychoanalytikerin Thea Bauriedl formuliert.[85]

9. Die Israelis und der Holocaust

Das israelische Establishment instrumentalisiert den Holocaust – das wurde gezeigt – intensiv für seine Interessen. Und die Bevölkerung wird durch Propaganda und Erziehung stark in diese Richtung beeinflusst, um ein Holocaust-Bewusstsein wachzuhalten. Dennoch stellte der israelische Psychologe und Psychoanalytiker Benjamin Beit-Hallahmi schon vor Jahren in der Bevölkerung eine gewisse Gleichgültigkeit gegenüber dem Genozid fest.[86] Er bescheinigt seinen Landsleuten ein »Image der Härte«, das heißt eine Geringschätzung für alles, was als Schwäche oder moralische Empfindsamkeit ausgelegt werden kann. Zwar hätten sie bzw. ihre Vorväter die Erfahrung des Opferseins gemacht, aber im Staat Israel habe immer das Ideal des »neuen Juden« gegolten, der für Pioniergeist und soldatische Härte steht.

Übertragen auf den Holocaust heißt das für Beit-Hallahmi: Er ist ein Ereignis, das vor zwei Generationen in Europa geschehen ist. Der Genozid ist deshalb nicht mehr Teil ihrer eigenen Lebenserfahrung oder auch ihrer Eltern. Die meisten heute lebenden Israelis sind in Israel geboren – als Kinder nicht-europäischer Eltern. Die Überlebenden des Holocaust waren und sind heute noch mehr nur eine Minderheit. Viele sind inzwischen gestorben. Verfolgung und Unterdrückung, die für die Diaspora-Juden die prägende Erfahrung waren, stellen, so der Psychologe, für die heutigen Israelis keine akuten Probleme mehr dar.

Beit-Hallahmi stellt fest: »Für die meisten Israelis ist der Holocaust kein Bestandteil ihres Seins, ihrer unmittelbaren Lebenserfahrung. Bei ihnen sind prägende Elemente die Siedlungspolitik, das Kolonisten-Dasein, der beständige Kampf gegen die ›Eingeborenen‹. (...) Der Krieg gegen die Palästinenser ist allgegenwärtig und permanent. Wenn die Israelis Erfahrung mit Unterdrückung gesammelt haben, dann zumeist in der Rolle der Unterdrücker.«[87]

II. War der Holocaust einzigartig?

1. Absage an Manipulation und Taschenspielertricks

Im Mittelpunkt des Diskurses um die deutsche Israel-Ideologie steht die Frage, ob der Holocaust einzigartig war. Der ganz spezielle und einmalige Charakter des Massenmords an den europäischen Juden ist die zentrale Aussage des deutschen Israel-*Katechismus*. Jede Abweichung – Relativierung oder Verharmlosung genannt – wird mit allen inquisitorischen Mitteln erbittert bekämpft, wobei auch die schärfste Waffe, die den Wächtern über das Dogma zur Verfügung steht, eingesetzt wird: der Antisemitismus-Vorwurf. In universalistisch ausgerichteten jüdischen Kreisen in Israel oder den USA ist die Infragestellung der Einzigartigkeit des Holocaust seit langem kein Tabu mehr. Dafür sollen hier einige Beispiele angeführt werden.

Der amerikanisch-jüdische Historiker Peter Novick hat schon vor gut 20 Jahren die Frage nach der Einzigartigkeit als abwegig beurteilt. Er schrieb in seinem schon zum Klassiker gewordenen Buch *Nach dem Holocaust*, dass das Beharren auf der Einzigartigkeit des Holocaust ein intellektuell unfruchtbares Unterfangen sei: »Man braucht nur einen Moment lang nachzudenken, um zu erkennen, dass der Begriff der Einzigartigkeit ziemlich leer ist. Jedes historische Ereignis, einschließlich des Holocaust, ähnelt in verschiedener Hinsicht anderen Ereignissen, mit denen es verglichen werden kann, und unterscheidet sich in mehrerlei Hinsicht von ihnen. Die Ähnlichkeiten und Unterschiede sind ein sinnvoller Diskussionsgegenstand. Nur die Aspekte des Holocaust zu berücksichtigen, die einzigartig waren, und die Aspekte zu ignorieren, die er mit anderen

Gräueltaten gemeinsam hatte, und ihn auf der Grundlage dieser Manipulation für unvergleichbar zu erklären, ist hingegen ein intellektueller Taschenspielertrick. Die Behauptung, der Holocaust sei einzigartig – wie die, er sei unfassbar oder nicht darstellbar –, ist tatsächlich zutiefst beleidigend. Was könnte sie anders bedeuten als: ›Eure Katastrophe ist im Gegensatz zu unserer gewöhnlich, fassbar und darstellbar‹.«[88]

Novick brachte das Erinnern an den Holocaust und den Diskurs über dessen Einzigartigkeit aber auch in Zusammenhang mit einem konkreten politischen Anlass: Dass sowohl die israelische politische Elite wie auch die Elite der amerikanischen Juden den Holocaust instrumentalisiert hätten und das auch heute noch täten, um Israels Vorgehen gegen die Palästinenser vor Kritik abzuschirmen. Er ergänzt: »Nach 1967 und besonders nach 1973 kam ein Großteil der Welt zu der Ansicht, der Nahostkonflikt wurzele im palästinensischen Kampf, um verspätet die ursprüngliche Absicht der Vereinten Nationen [in Palästina einen jüdischen und einen arabischen Staat zu errichten] in die Tat umzusetzen. Es gab für jüdische Organisationen gewichtige Gründe, das alles nicht zu beachten und sich stattdessen vorzustellen, Israels Schwierigkeiten gingen darauf zurück, dass die Welt den Holocaust vergessen habe. Das Holocaust-Deutungsmuster erlaubte, jede legitime Kritik an Israel als irrelevant beiseitezuschieben, sogar das Nachdenken über die Möglichkeit zu meiden, Recht und Unrecht könnten komplex sein.«[89]

2. Der Holocaust und die jüdische Idee der Auserwähltheit

Der amerikanische-jüdische Historiker und Politologe Norman G. Finkelstein konstatiert zwei zentrale Dogmen, die das Gefüge des Holocaust im gegenwärtigen jüdischen

Mehrheitsdiskurs ausmachen: »Erstens: Der Holocaust stellt ein absolut einzigartiges Ereignis dar; zweitens steht der Holocaust für den Höhepunkt eines irrationalen, ewigen Hasses der Nicht-Juden gegenüber den Juden.«[90] Ähnlich wie Novick argumentiert auch Finkelstein, dass jedes geschichtliche Ereignis einzigartig ist und sei es nur, weil es zeitlich und räumlich festgelegt ist. Und jeder geschichtliche Vorgang trägt sowohl unterschiedliche Merkmale wie auch solche in sich, die er mit anderen gemeinsam hat. Das Ungewöhnliche am Holocaust ist nun aber, dass man seine Einzigartigkeit absolut setzt.

Finkelstein fragt rhetorisch, ob es noch ein anderes historisches Ereignis gibt, dem man die Kategorie der Einzigartigkeit zuordnet. Es gibt keins. Beim Holocaust schafft man das, indem man die unterscheidenden Merkmale herausgreift, um das Geschehen in eine völlig andere Kategorie einzuordnen. Und er fragt, warum die vielen gemeinsamen Merkmale als vergleichsweise unwichtig und belanglos erachtet werden sollen. Diese Sicht auf den Holocaust habe es in der Wissenschaft keineswegs von Anfang an gegeben, sie taucht erst seit dem Juni-Krieg 1967 auf. Ursprünglich sei der Diskurs über den Holocaust universalistisch gewesen.

Finkelstein fragt nun, welche politischen und ideologischen Interessen die Wende in der Sicht auf den Holocaust bewirkt hätten – in Israel und in den USA. Um das Ergebnis seiner Recherchen vorwegzunehmen: Für ihn steht fest, das das Dogma von der Unvergleichbarkeit und Einzigartigkeit nicht dem Ereignis selbst entsprungen ist, sondern das Produkt ganz bestimmter Interessen ist.[91]

Die Vertreter der Einzigartigkeitsthese gehen davon aus, dass man sie nicht beweisen muss, sie gilt als gegeben; jeder Versuch, sie zu beweisen, kommt einer Leugnung des Holocaust gleich.

Ein solches Vorgehen bedeutet aber, dass der Holocaust rational nicht zu begreifen ist. Dann wird aus diesem Genozid aber ein religiöses Mysterium gemacht, das »außerhalb, wenn nicht jenseits der Geschichte liegt (...) und sich dem Wissen und der Beschreibung widersetzt.« Das ist die Position Elie Wiesels.[92]

Unter Berufung auf verschiedene jüdische Intellektuelle (Jakob Neusner, Peter Baldwin, Nathan Glazer) weist Finkelstein darauf hin, dass es unter Juden die Auffassung gibt, dass sie ein »unverwechselbares und einzigartiges Volk« seien. Elie Wiesel hat diese These immer wieder vertreten. Wenn die Juden aber »einzigartig« sind, dann müssen es auch ihre Leiden sein. Finkelstein schreibt: »Die Behauptung der Einzigartigkeit des Holocaust ist auch die Behauptung der jüdischen Einzigartigkeit. Nicht das Leiden der Juden machte den Holocaust so einzigartig, sondern die Tatsache, dass *Juden* litten. Oder: Der Holocaust ist etwas Besonderes, weil Juden etwas Besonderes sind.«[93] Worauf es von jüdischer Seite direkt auch Widerspruch gab. So argumentierte etwa der jüdische Theologe Ismar Schorsch, der Anspruch auf die Einzigartigkeit des Holocaust sei »eine geschmacklose, säkularisierte Version der Auserwähltheit.«[94]

Das Holocaust-Dogma von der Einzigartigkeit ist für Israel aber von großem Wert, weil es so einerseits emotionale und moralische Ansprüche an andere Länder stellen kann[95] und zum anderen die Rolle der Zionisten in der Politik (etwa Israels Besatzungspolitik) vor Kritik immunisiert. Die Juden können nach dieser Auffassung immer unschuldig sein, die Feindseligkeit von Nichtjuden ist so gesehen grundsätzlich keine Reaktion auf jüdisches Handeln.

In den Zusammenhang der Behauptung von der Einzigartigkeit der Juden und des Holocaust gehört dann auch die

Frage: Waren die Juden die einzigen Opfer oder zählen auch nichtjüdische Gruppen zu den Opfern? Was ist also mit den Behinderten, Homosexuellen, Zigeunern, Polen und Russen (Slawen), die ebenfalls in großer Zahl oder sogar millionenfach ermordet wurden? Wenn man den Menschen dieser Gruppen auch den Opferstatus zuerkannte, würde das erstens den Verlust der exklusiven jüdischen Lizenz für den Holocaust bedeuten und zweitens wäre das Dogma, wonach der Holocaust den Höhepunkt eines tausendjährigen Hasses der Nicht-Juden auf die Juden darstellen würde, unhaltbar.[96]

Finkelsteins Antwort auf die Frage, wer ein Interesse daran habe, das Dogma von der Einzigartigkeit des Holocaust zu inszenieren, ist klar und eindeutig: Es ist das jüdische Establishment in den USA und Israel, das Finkelstein wegen der Instrumentalisierung dieses Mega-Verbrechens die »Holocaust-Industrie« nennt.

3. Der Holocaust als »Geschwätz« und »polemische Ware«

Moshe Zuckermann kritisiert den Widerspruch, der in Israel zwischen der von den Zionisten monopolistisch vertretenen Staatsideologie der Einzigartigkeit des Holocaust und dem in diesem Staat gängigen inflationären Gebrauch des Holocaust besteht, denn er sei inzwischen zur enttabuisierten Alltagsrhetorik verkommen. Der Holocaust werde in Israel »zerschwätzt« und sei zur polemischen Ware geworden.[97]

Weiter konstatiert Zuckermann, dass das Bestehen auf der als *jüdisch* verstandenen Einzigartigkeit des Holocaust sich paradoxerweise und natürlich ohne sich dessen bewusst zu sein, auf eine den Nazis nahe Logik stütze: Die umgebrachten Juden würden zu einer abstrakten (ethnischen/religiösen/rassischen)

Kategorie degradiert, als identitätslose Objekte einer umfassend verallgemeinernden Definition subsumiert. Die Juden der Diaspora seien aber sehr heterogen gewesen. Es habe unter ihnen gewichtige klassenmäßige, kulturelle und ethnische Diskrepanzen gegeben, sie hätten sich in ihrem Verhältnis zur Religion, zum Kult und dessen Institutionen unterschieden. Teile von ihnen hätten sich völlig von der Religion und der Tradition abgewandt. Die meisten von ihnen seinen keine Zionisten gewesen. Die Juden seien also bezüglich ihrer subjektiven Identität keineswegs eine monolithisch zu begreifende Menschengruppe.[98]

Außerdem empfindet Zuckermann es geradezu als Ironie, dass gerade Israel den Holocaust als ideologische Parole vertritt, dabei aber die wildesten Projektionen des Holocaust auf jedweden politischen Zweck projiziere. Man denke etwa an die Projektion der Araber bzw. Palästinenser als die »neuen Nazis«.[99]

4. Vorwürfe gegen das jüdische Establishment

Der Israeli Avraham Burg, ehemaliger Präsident der Jewish Agency und Sprecher der Knesset, sieht in dem Dogma von der Einzigartigkeit des Holocaust ein Versagen des israelischen Staates. Denn dieser habe sich ja den Holocaust sowie das Recht und die Pflicht, für die Opfer und Überlebenden – »unsere Opfer und Überlebenden« – zu sprechen, angeeignet. Was ja heiße: Die anderen Opfer gehen uns nichts an. Oder noch deutlicher gesagt: »Der Holocaust gehört uns, und alle anderen Morde in der Welt sind normale Übel, aber kein Holocaust. Und wenn es kein Holocaust ist, geht es mich nichts an!«[100]

Burg stellt ausdrücklich fest, dass die israelische Sicht auf den Holocaust nicht universalistisch ist: »Wir haben nie versucht, unsere Shoa als Ereignis im historischen Kontinuum anderer zu sehen. Den universellen Kontext der Shoa kennen wir nicht und sehen daher nicht, welche Konsequenzen unser Fehlen bei den Protesten, Mahnungen und Kämpfen gegen den Holocaust an anderen Völkern hat.«[101] Burg moniert, wie sehr sich Israel durch seine Holocaust-Ideologie absondert: »Was uns anbelangt, leben wir auf dem Auschwitz-Planeten. Alles ist Shoa, und alles wird auf ihren Waagschalen gewogen. Die Lichtstrahlen, die Israel erreichen, werden im Prisma der Krematorien gebrochen. Wenn es anderen passiert, ziehen wir zum nächsten Planeten, auf dem kein Platz ist für das Leid anderer und keine Genozide, Gräueltaten und Holocausts außer unseren eigenen existieren.«[102]

Burg spricht von einem »Shoa-Establishment und dem zionistischen Indoktrinationssystem«, das die Shoa als einmalig und nur Juden zugestoßen beschreibe. Würde man die Probleme anderer Völker berücksichtigen, wäre das für das Establishment eine Kontamination der Shoa. Auf diese Weise isoliere sich Israel aber von tief greifenden Weltprozessen und sei zum Leugner des Holocaust anderer Völker geworden. Burg bringt den Gedanken der Einzigartigkeit des Holocaust wie Finkelstein auch mit dem Auserwähltheitsglauben der Juden in Verbindung, der in einer Zeit der Vernichtung und Verfolgung als Zuflucht in einen Traum von Größe seine Berechtigung gehabt haben mag, aber heute seien die Juden weder verfolgt noch unterdrückt, was – so muss man folgern – das Dogma von der Einmaligkeit obsolet mache.

Burg weist noch auf einen anderen in diesem Zusammenhang interessanten Aspekt hin. Shoa sei im Hebräischen eigentlich ein neuer Name für den traditionellen Begriff »Zerstörung«, der eigentlich *Hurban* laute. Die Zionisten hätten es aber für wichtig befunden, ein neues Kapitel in der jüdischen Geschichte aufzuschlagen und hätten dieser Zerstörung den Namen *Shoa* gegeben. Damit werde die Absicht verfolgt, sie aus dem Kontinuum der jüdischen Geschichte herauszulösen und sie zu etwas Einzigartigem zu machen und vor allem abzutrennen von dem, was das Judentum bis dahin erlebt habe. Burg plädiert dafür, dass die Shoa wieder ihren traditionellen Namen *Hurban* erhalten soll – eben eine Zerstörung unter vielen. Der Holocaust wäre dann lediglich ein weiteres Glied in der Kette von Zerstörungen, die die Juden heimgesucht hätten – aber ohne Anspruch auf Einzigartigkeit.[103]

Auch Burg ist der Meinung, dass Israel den Holocaust überwinden und Auschwitz – symbolisch gesprochen – verlassen müsse. Auschwitz sei ein mentales Gefängnis. Dieses Symbol des Schreckens sei mit Schuldgefühlen und ständiger Angst verbunden. Der Holocaust müsse ein Leuchtturm zu einem moralischeren und menschlicheren Leben sein, aber keine Klippe, an der das Leben aller Schiffbruch erleide und untergehe. Wenn Israel sich von seiner Besessenheit vom Holocaust und seiner Exklusivität befreie, werde auch die Welt freier sein. Die Erinnerung müsse wachgehalten werden, aber es sei Israels Pflicht, aus der Asche aufzustehen und zu einer echten Wiedergeburt bereit zu sein.[104]

5. Warum der Holocaust zur ausschließlich »jüdischen Tragödie« wurde

Am radikalsten hat der israelische Historiker Shlomo Sand das jüdisch-israelische Holocaust-Gedenken kritisiert: Er stellte in Israel zu verschiedenen Anlässen – Abendessen, universitären Lehrveranstaltungen und alltäglichen Gesprächen – immer wieder die Frage: »Wie viele Menschen haben die Nazis in den

Konzentrations- und Vernichtungslagern sowie in weniger geordneten Massakern umgebracht?« Die Antwort sei immer dieselbe gewesen: sechs Millionen. Als Sand darauf hinwies, dass er umgebrachte Menschen insgesamt meine und nicht allein Juden, waren seine Gesprächspartner sehr erstaunt. Sand gab dann selbst die Antwort: Zwischen zehn und elf Millionen Menschen wurden ermordet. Unter Berufung auf den Holocaust-Forscher Raul Hilberg gibt er die Zahl der ermordeten Juden mit etwa fünf Millionen an – also nicht sechs Millionen, wie sonst behauptet wird. Der israelische Historiker stellt dann die entscheidende Frage: »Warum ist die ›Gesamtzahl‹ verschwunden und warum wurde nur die ›jüdische‹ Zahl bewahrt?«[105]

Hier spielt offensichtlich eine geschickte Regie im Hintergrund die entscheidende Rolle. Sand führt das Erscheinen des Films *Shoa* von Claude Lanzmann an, eines neunstündigen Monumentalwerkes aus dem Jahr 1985, das über Schweizer Strohfirmen von Israel finanziert wurde. Dem jüdisch-französischen Regisseur wirft Sand vor, in seinem Film eine »ethnische Selektion« vorgenommen zu haben. Denn in Lanzmanns Version der Shoa sind ausschließlich Juden die Opfer. Es wird verschwiegen, dass in Wahrheit auch fünf Millionen Polen ermordet wurden – zweieinhalb Millionen jüdischer Herkunft und zweieinhalb Millionen katholischer Herkunft. Auch an die ermordeten Sinti und Roma, deren Zahl im Verhältnis zu Gesamtgröße des Volkes beinahe an die Opfer des europäischen Judentums heranreicht, wird in dem Film nicht erinnert.

Sand konstatiert: »Vom letzten Viertel des 20. Jahrhunderts an verschwinden beinahe alle Opfer, die von den Nazis nicht als ›Semiten‹ bezeichnet wurden. Der industrielle Mord wurde zur ausschließlich jüdischen Tragödie. Die westliche Erinnerung an Konzentrations- und Vernichtungslager entledigte sich fast gänzlich aller anderen Opfer, darunter geistig Behinderte, Sinti und Roma, Angehörige des kommunistischen und sozialistischen Untergrunds, Zeugen Jehovas, polnische Intellektuelle sowie sowjetische Kommissare und Offiziere. Bis auf die Homosexuellen vielleicht wurden all jene, die die Nazis parallel zur systematischen Ermordung der Juden austilgten, durch die hegemonialen Erinnerungsnetzwerke ein weiteres Mal ausgelöscht. Wie konnte es dazu kommen, und wie prägt diese neue Erinnerungskonstruktion die heutige jüdische Identität?«[106]

Die Erinnerung an den Holocaust spielte in Israel – wie geschildert – bis zum Eichmann-Prozess 1961 und dem Krieg von 1967 eine eher marginale Rolle. Dann änderte sich die Situation: Deutschland war nach den Wiedergutmachungszahlungen an Israel und den Entschädigungsleistungen an Überlebende in die westliche Staatengemeinschaft aufgenommen worden. Israel war gestärkt aus dem Krieg von 1967 hervorgegangen und zum engen Partner der NATO und der USA geworden. In dieser Situation – so Sand – fand auch ein Umdenken über den Holocaust statt. Hatte man in Israel die Schwäche der Opfer infolge der Verachtung der Diaspora eher kaschiert, begann man nun, sie zu verherrlichen und zu Märtyrern zu stilisieren. Die Marginalisierung des Judenmords in der »christlich-jüdischen Zivilisation« wurde aufgehoben.

Sand bilanziert die neue Entwicklung so: »Doch die neue zionistische und pseudojüdische Politik wollte mehr. Es genügte ihr nicht, dass die Erinnerung an die Ermordeten im westlichen Bewusstsein eingeschrieben war; sie beanspruchte Einzigartigkeit, Exklusivität und die totale nationale Verfügungsgewalt über den Schmerz. Damals begann, was zu Recht als ›Holocaust-Industrie‹ bezeichnet wird: Diese war darauf aus, das Leiden der Vergangenheit zu maximieren und aus ihm so viel politisches Prestige und sogar wirtschaftliches Kapital zu schlagen wie nur möglich. Deshalb wurden nach und nach fast alle anderen Opfer ausgeblendet, und der Genozid geriet zu einer ausschließlich jüdischen Angelegenheit. Jeder Vergleich mit anderen Völkermorden war von nun an untersagt.«[107]

Die Opfer anderer Genozide in der Geschichte oder der Gegenwart galten da nichts mehr. Die jüdischen Opfer erlangten wegen ihrer »Einzigartigkeit« einen Sonderstatus. Diese »einzigartigen« Opfer standen nun im Mittelpunkt des Interesses und nicht mehr die Mordmaschinerie der nationalsozialistischen Schergen und Henker. Sand muss einen späten Triumph Hitlers konstatieren, denn dessen Streben, die Juden aus der »normalen Menschheit« auszusondern, hätte sich auf pervertierte Weise in der Erinnerungspolitik Israels und seiner Anhänger in der westlichen Welt verwirklicht.[108]

Dieses neue Verständnis des Holocaust, dass es also einen ausschließlich jüdischen Anspruch auf das Vermächtnis des Massenmordes durch die Nazis gebe, ist im säkularen Judentum zu einem identitätsstiftenden Faktor geworden. Das zionistische Israel hat es auch geschafft, diese Ideologie des nicht nur »auserwählten«, sondern auch des ausschließlich jüdischen Opfers zur beherrschenden Leitidee des verpflichtenden Umgangs mit dem Holocaust im Westen zu machen. Kein Politiker und keine Politikerin aus dem Westen würde es wagen, die Ausschließlichkeit der jüdischen Opfer in Frage zu stellen und auch die anderen Opfer herausragend zu erwähnen. Wenn sie in ihren Reden von »Nie wieder!« sprechen, meinen sie partikularistisch und ausschließlich die Juden und nie universalistisch alle Menschen. Womit der Zionismus bewiesen hat, über welch ungeheure propagandistische Macht er verfügt – vor allem, weil er immer mit der Waffe des Antisemitismus-Vorwurfs drohen kann.

Was der zionistische Anspruch auf den Holocaust in der Praxis bedeutet, demonstrieren Politiker/innen aus aller Welt, wenn sie jedes Jahr am 27. Januar, dem Holocaust-Gedenktag anlässlich der Befreiung des Vernichtungslagers Auschwitz, im Holocaust-Mahnmal Yad Vashem in Jerusalem der Schrecken des Nazi-Genozids gedenken und sich alle unisono zu dem »Nie wieder!« bekennen. Aber diese so richtige Schlussfolgerung aus dem Holocaust bezieht sich nur auf Juden.

III. Wie es zu dem Glauben an die Einzigartigkeit des Holocaust kam

1. Der »zweite Tod« der Überlebenden

Nach den Schrecken des Holocaust mussten die Überlebenden eine weitere furchtbare Erfahrung machen. Sie wurden nach ihrer Befreiung etwa in Frankreich, Belgien und Israel nicht in Ehren und mit Empathie empfangen, sondern ignoriert, verleugnet und missachtet und sogar stigmatisiert – und das sowohl von Juden wie auch von Nicht-Juden. Die deportierten Widerstandskämpfer wurden mit Anerkennung und Hochachtung aufgenommen, aber als Jude deportiert worden zu sein, galt als Schande.[109] Die Betroffenen, denen man in den Lagern durch die fortwährenden Erniedrigungen und Demütigungen die Selbstachtung zerstört hatte, wollten in ihrer Verzweiflung oft vergessen, dass sie Juden waren. Man warf ihnen vor, passiv geblieben zu sein und sich nicht gewehrt zu haben.

Die Gesellschaften, in die sie zurückkehrten, wollten nicht hören, was sie erlebt hatten. Der Jude Joel Palgi, der im Juni 1945 in Tel Aviv eintraf, berichtete: »Wohin ich auch kam, hießen die ersten Fragen: Warum haben die Juden nicht rebelliert? Warum sind sie wie Lämmer zur Schlachtbank gegangen? Plötzlich begriff ich, dass sie sich derer schämten, die gefoltert, erschossen, verbrannt worden waren. Es herrschte die übereinstimmende Meinung, dass die Toten des Holocaust wertlose Menschen waren. Unbewusst haben wir die Meinung der Nazis übernommen, dass Juden Untermenschen sind.«[110] Im Jischuw in Palästina kam sogar für die Überlebenden das Wort »Seife« in Mode.[111]

Die Erinnerungen der Lebenden und das Andenken an die Toten galten nicht als bewahrenswert. Die französische Politikerin Simone Veil, die erst nach Auschwitz-Birkenau und dann nach Bergen-Belsen deportiert worden war, sprach später von einem »zweiten Tod« – dem des Vergessens, zu dem man die Ermordeten verurteilt habe.[112] Sie klagte auch die jüdische Gemeinschaft an, die die Überlebenden lange nicht anhören wollte und auch nicht wünschte, dass sie sich Gehör verschafften.[113]

Es verwundert nicht, dass die Überlebenden eine tiefe Scham und Schuld empfanden: wegen des Vorwurfs, dass sie sich gegenüber den Nazis passiv gegeben und zufällig auf Kosten anderer überlebt hätten. Dazu kamen die Vorwürfe, dass die Juden sich in den Lagern untereinander nicht solidarisch verhalten hätten. Das Problem der Überlebenden war, die Forderung nach gesellschaftlicher Anerkennung durchzusetzen, weil dem die behauptete Passivität im Wege stand.

2. Elie Wiesel leitete die Wende ein

Der Zeit der Scham folgte eine Epoche der deutlichen Aufwertung des Status der Überlebenden. Der belgische Holocaustforscher Jean-Michel Chaumont spricht von einer »Glorifizierung« und einer »Revolution«.[114] Sie war nicht die Folge einer natürlichen Gegenbewegung auf die Epoche der Scham, sondern das Ergebnis einer gezielten politischen Aktion. Der Initiator und Protagonist dieser Wende war der Holocaustüberlebende Elie Wiesel, und sein Wirken führte dazu, dass das Projekt der Aufwertung der Überlebenden eng mit dem Beginn des Diskurses über die Einzigartigkeit des Holocaust verbunden war. Diese Umkehrung in der Bewertung des Opferseins sollte die Schmach und Schande, die die Überlebenden bis dahin ertragen mussten, beseitigen, und aus dem Makel sollte Stolz auf den Opferstatus werden, der zugleich das Finden einer neuen Identität bedeutete.

Die Geburtsstunde der Idee von der Singularität des Holocaust war ein Symposium jüdischer Wissenschaftler am 26. März 1967 in New York über »jüdische Werte«. Die Debatte dort hatte nach Einschätzung von Beobachtern eher theologischen oder metaphysischen Charakter als wissenschaftlich-historischen. Es war viel von der Auserwähltheit der Juden sowie von der Einzigartigkeit der jüdischen Geschichte die Rede, die das »Kernstück« der Weltgeschichte sei. Der Leiter des Symposiums Richard Popkin formulierte diese Auffassung so: »Der Holocaust scheint mir, anders als Sie das offenbar verspüren, *eine messianische und keine historische Erfahrung* zu sein. Und damit sind wir wieder bei Judah Hallevi [ein sephardischer Philosoph im Mittelalter, d. A.], nämlich dass die unsrige eine gänzlich andere Geschichte ist als alle anderen Geschichten. Sie unterscheidet sich von allen anderen Geschichten qualitativ. Es ist die einzige wirkliche Geschichte. Es ist menschliche Geschichte, weil es jüdische Geschichte ist.«[115]

Diese Sätze stellen einmal die jüdisch verstandene Universalität des Holocaust heraus und bekräftigen andererseits die These von der Einzigartigkeit des Holocaust in dem Sinne, dass sich diese Singularität des Ereignisses nicht von selbst ergibt, sondern allein aus der jüdischen Identität. Nur sie macht das genozidale Geschehen in den Vernichtungslagern zum unvergleichlichen Ereignis. Was aber auch heißt: Ohne die jüdischen Opfer wäre der Holocaust nicht einzigartig – erst das Betroffensein der Juden gibt dem Geschehen seine universalistische Bedeutung.[116] Die extrem vom Bösen bestimmte Aussonderung der Juden durch die Nazis wird also in die Besonderheit und Einzigartigkeit dieser Menschen umgedeutet.

Chaumont weist in diesem Zusammenhang auf die Rolle Hitlers hin: »Wenn hier Hitler als singularisierende Instanz fungiert, so wiederholt er gleichwohl den göttlichen Akt der Erwählung. Die *Antwort*, die seine negative Erwählung verlangt, ist die gleiche wie die Antwort auf die positive Erwählung durch Gott. In einem wie im anderen Fall ergibt sich daraus die Verpflichtung auf das Judentum. Weniger die Einzigartigkeit (des Ereignisses) als vielmehr die Singularisierung (der Juden) erweist sich damit als der bestimmende Faktor. Es geht um die Annahme einer gesonderten, einmaligen Situation, und zwar zum Besten (göttliche Auserwähltheit) oder zum Schlimmsten (dämonische Auserwähltheit durch Hitler). Sie gebietet den Juden, Juden zu bleiben, um nicht das Werk Hitlers fortzusetzen.«[117]

Elie Wiesel nutzte das Symposium, um seine religiös missionarische Botschaft an die Welt zu richten, die dann auch bis heute eine große Wirkung entfaltete – bis zum deutschen *Katechismus*. Wiesel argumentierte nicht, er verkündete eher, dass es die Pflicht der Juden sei, ihre Leiden, die ausschließlich jüdische Leiden seien, herauszustellen und keiner sie ihnen nehmen könne. Er fragte: »Warum den Toten das Einzige nehmen, was ihnen bleibt – ihr Judentum und ihre Einzigartigkeit? Haben sie nicht wenigstens das verdient?«[118]

Wiesel glorifizierte das Verhalten der Juden während des Holocaust, bestritt also jegliche Differenzen und Auseinandersetzungen unter ihnen und hob demonstrativ den Altruismus als Teil der jüdischen Ethik hervor. All das bedeutete natürlich die totale Überwindung der Scham, die die Überlebenden nach der Befreiung gequält hatte und die Verklärung ihrer Erfahrungen als »einzigartig«. Zugleich betonte Wiesel, dass man seine Botschaft nicht mit den Regeln der Wissenschaft (was ja heißt: mit rationalen Maßstäben) beurteilen und diskutieren könne.[119]

3. Holocaust-Museen in den USA

Elie Wiesel war in den USA der prominenteste Interpret des Holocaust. Er hat deshalb viel zur Bildung eines Holocaust-Bewusstseins beigetragen, das es so in der Nachkriegszeit gar nicht gab. Seine These von der Einzigartigkeit fand breite Anerkennung, stieß aber auch auf Ablehnung – gerade auch in jüdischen Kreisen. Zugleich machten andere Gruppen der amerikanischen Gesellschaft wie die Armenier und Schwarzen ihren Anspruch auf Anerkennung ihrer Leiden geltend. Eine Resolution für den Kongress, die an den Völkermord der Armenier erinnern sollte, wurde im Zusammenwirken von israelischen Diplomaten und amerikanisch-jüdischen Aktivisten abgelehnt, was die Armenier verständlicherweise sehr erboste. Und der schwarze Schriftsteller James Baldwin merkte in Erinnerung an die Sklaverei und die immer noch prekäre Situation der Schwarzen in den USA an: »Man möchte nicht von einem amerikanischen Juden gesagt bekommen, dass sein Leiden größer ist als das Leiden amerikanischer Neger.«[120]

Die Auseinandersetzung über die Einzigartigkeit entfaltete sich voll bei der Planung des Holocaust-Museums in Washington. Elie Wiesel und seine Anhänger bestanden auf der Errichtung eines rein jüdischen Museums. Denn wenn der Holocaust einzigartig war und sogar der Gebrauch der Worte Holocaust und Völkermord für die Beschreibung anderer Katastrophen scharf verurteilt wurde und andere Opfer von Wiesel in den Status der zweiten Klasse verwiesen wurden,[121] dann konnte es kein Holocaust-Museum geben, in dem auch andere Opfer ihren Platz finden würden. Der Streit ging bis ins Weiße Haus und zu dem damaligen Präsidenten Jimmy Carter. Es wurde aber im Sinne der jüdischen Lobby entschieden: Das Holocaust-Museum ist ganz der Einzigartigkeit des Mordes an den Juden gewidmet.

Es gab mehrere Gründe für die Errichtung von Holocaust-Museen – auch in anderen Städten entstanden solche Gedenkstätten. Für einen Großteil der amerikanischen Juden hatte die jüdische Religion deutlich an Anziehungskraft verloren, was auch einen Verlust an Identität bedeutete. Der Glaube an die Einzigartigkeit des Holocaust konnte hier Ersatz schaffen und die Lücke füllen. Der Bau der Museen als »nationaler jüdischer Kathedralen«, die die Kreuzigung des jüdischen Volkes bezeugten, hatte also auch die Funktion, die amerikanischen Juden in ihrer Einstellung zum Judentum zu bestärken.[122]

Der zentrale Stellenwert, den die Führung der amerikanischen Juden dem Holocaust mit der Verklärung zur Einzigartigkeit verlieh, sollte auch noch eine andere Aufgabe erfüllen: Die Angst vor dem Antisemitismus hatte in den USA als soziales Bindemittel ihre Bedeutung verloren. Die Erinnerung an Auschwitz sollte so gesehen auch die Andersartigkeit der Juden betonen. Es wurde deshalb ein »neuer Antisemitismus« propagiert, den es zu bekämpfen galt und der gleichzeitig auch dazu diente, das von der arabischen Welt »umzingelte« Israel zu schützen, das man immer noch von einem Holocaust bedroht sah.

IV. Der Katechismus der Deutschen in der Kritik (Glaubenssatz 1)

1. Die deutsche Politik hält trotz massiver Einwände an der Singularitätsthese fest

Der Wächter über den Antisemitismus in Deutschland, der Antisemitismus-Beauftragte Dr. Felix Klein, wird nicht müde darauf hinzuweisen, was er für das größte Vergehen im Diskurs über die NS-Geschichte hält: den Holocaust zu relativieren, das heißt, ihn mit anderen Genoziden auf eine Stufe zu stellen. Daraus folgt logischerweise, dass er unerbittlich am Dogma von der Einzigartigkeit festhält. Die ganz überwiegende Mehrheit der mit dem Thema befassten deutschen Wissenschaftler und Publizisten stimmt dem zu – ob aus Überzeugung oder aus Angst, des Antisemitismus bezichtigt zu werden, sei dahingestellt.

Vor allem die These des israelischen Historikers Saul Friedländer vom »Erlösungsantisemitismus« findet breite Zustimmung, die besagt, dass der Antisemitismus die Nazis mit voller Absicht dazu trieb, die Juden als die »absoluten Weltverderber« vollständig zu vernichten, die Welt also von ihnen zu »erlösen« oder – anders gesagt – eine »judenreine Welt« zu schaffen.[123] Hierin bestehe die Einzigartigkeit des Holocaust, denn eine solche Vernichtungsabsicht eines ganzen Volkes habe es in der Geschichte noch nicht gegeben. Wobei den Nazis auch klar sein musste, dass sie mit ihren Vernichtungsabsichten nur die europäischen Juden erreichen konnten, aber nicht die auf anderen Kontinenten.

Die These von der Einzigartigkeit ist aber inzwischen einer breiten Kritik unterworfen worden – auch und gerade von jüdischer Seite. So nahmen die Juden in den Vernichtungsabsichten der Nazis sicher eine herausgehobene Position ein, aber die Nazis haben auch andere Gruppen aus rassischen Gründen vernichtet, etwa die Zigeuner, große Teile des polnischen und russischen Volkes als »minderwertige Slawen« sowie Behinderte und Homosexuelle. Die Nazis hatten durchaus die Absicht, die Zigeuner vollständig zu vernichten. Diese Volksgruppe hatte sogar prozentual gemessen an ihrer Gesamtzahl mehr Opfer zu beklagen als die Juden.[124] Bei den Zigeunern und Slawen kann man durchaus von Völkermord sprechen.[125] Jean-Michel Chaumont findet es deshalb völlig legitim, den Plural auf die nationalsozialistischen Genozide anzuwenden.[126]

Auf andere Genozide in der Weltgeschichte wird noch einzugehen sein. Ein gutes Beispiel für einen gewollten Genozid ist die Ausrottung der Ureinwohner in Nordamerika. In diesem Fall lagen zwei Kriterien vor, die auch für den Holocaust aufgeführt werden: Rassismus und Vernichtungsabsicht. So stellte der Historiker Michael Mann fest: »Die offene Verteidigung des Genozids [an den Ureinwohnern] unter den US-Spitzenpolitikern vollzog sich in einem kulturellen Milieu, das die Indianer im Land als ›hässlich‹, ›dreckig‹, als ›unmenschliche Tiere‹, als ›Schweine, Hunde, Wölfe, Schlangen, Affen‹ bezeichnete und sie auch als wilde Tiere niederschoss.«

Die Gouverneure in den verschiedenen Regionen vertraten eine mehr oder weniger offene Ausrottungspolitik. So erklärte etwa der Gouverneur Peter Hardemann Burnett (1807–1895), dass ein Ausrottungskrieg zwischen den beiden Rassen so lange fortgesetzt werde, bis die indianische Rasse ausgelöscht sei. Der Gouverneur Alexander Ramsey aus Minnesota erklärte: »Die Sioux-Indianer müssen ausgerottet oder vertrieben werden.« So dachten auch die Siedler im damaligen Amerika und begründeten diese Absicht mit pseudoreligiösen Argumenten, die vor allem aus dem Alten Testament stammten: Dass der Herr sein Volk nach Kanaan führt, um das Land einzunehmen, und Gott (Jahwe) viele Völker ausrottet. (5. Mose 7,1)[127]

Es gibt eine Fülle von anderen Einwänden gegen die These von der Einzigartigkeit, sie seien hier in Kurzform aufgeführt:

- Die Einzigartigkeit des Holocaust ist eine These; Thesen machen aber keine absoluten Aussagen, sie sind wie jede These in der Wissenschaft bestreitbar.
- Sie (im Folgenden die These von der Einzigartigkeit) begründet eine Hierarchie von Verbrechen, Opfern und Leiden und verharmlost so andere Genozide. Sie macht gegen Vergleiche mit anderen Genoziden immun. Die Verharmlosung anderer Massenmorde führt aber dazu, sie ethisch zu neutralisieren.
- Sie fordert zum Stolz auf den Holocaust auf (Elie Wiesel) und begründet Rechte, Privilegien und besondere Ansprüche von Juden, was Neid und Feindschaften weckt und zur Zunahme von Antisemitismus führen kann.
- Sie behindert durch ihre Vorrangigkeit und nationalistische Leidenschaft andere Formen des Gedenkens und steht so dem universalistischen Gebot von der Gleichheit aller Menschen entgegen.
- Sie führt dazu, dass der Holocaust zum Privatbesitz einer bestimmten Gruppe wird, die ihn beliebig für sich instrumentalisieren kann.
- Sie führt dazu, Juden zu »Heiligen« und »Reliquien« zu verklären, das heißt, ihnen in der Geschichte immer den Status der Unschuld zu verleihen. Die Einzigartigkeitsthese führt zu einem moralischen Manichäismus, es gibt nur schwarz oder weiß, gut oder schlecht.

- Das Vertreten der Einzigartigkeitsthese führt dazu, dass man die ethische und kognitive Dimension des Holocaust nicht auseinanderhält und damit in eine kognitive Sackgasse gerät. Anders ausgedrückt: Es besteht die Gefahr, nicht zwischen dem historischen Vorgang des Holocaust und seiner nachträglich von Ideologie geprägten Darstellung zu unterscheiden.
- Die Einzigartigkeitsthese wirft für die Wissenschaft zahlreiche so gut wie unlösbare Probleme auf. Zu bedenken ist vor allem, dass die Einzigartigkeitsthese aus der Religion stammt, sich aus der »Einzigartigkeit der Juden und ihrer Religion« ableitet, also theologisch schlüssig begründet werden kann, aber nicht nach rationalen Kriterien der Geschichtswissenschaft. (Chaumont merkt dazu an: Es gibt nur zwei Möglichkeiten: Entweder ist die These von der historischen Einzigartigkeit eine wissenschaftliche These. Dann ist es offenbar nichts Schlimmes, sie in Frage zu stellen. Es nicht zu tun, würde heißen, sie dogmatisch anzunehmen und damit das Wissenschaftsethos zu verletzen. Oder es ist gar keine historisch-wissenschaftliche These. Droht sie aber durch ein wissenschaftliches Vorgehen als Glaubensartikel demontiert zu werden, »dann geht es uns wie Galilei vor dem Kirchentribunal …«).[128]
- In der Wissenschaft gibt es – auch unter Juden – über die Einzigartigkeit keinen Konsens. Es gibt die verschiedensten Forschungsansätze: rationale und spekulative. Es gibt die verschiedensten Kriterien und Definitionen für die Einzigartigkeit, die Definition der Begriffe ist keineswegs einheitlich. Die Forschungsergebnisse sind oft nicht miteinander vergleichbar. Dennoch oder vielleicht gerade deswegen wird der Diskurs dogmatisiert.

- Zudem: Wenn der Holocaust einzigartig gewesen sein soll, ist es von dieser Behauptung nur ein Schritt zu der Behauptung, er sei rational nicht zu begreifen. Man leistet also einem Mysterium Vorschub. Oder anders gesagt: Wenn der Holocaust unvergleichlich ist, entzieht er sich als rationaler Gegenstand der wissenschaftlichen Erkenntnis. Er wird dann zu einem Mysterium verklärt, so wie Elie Wiesel es formuliert hat: »Auschwitz kann nicht erklärt oder in Bildern dargestellt werden. (…) Der Holocaust transzendiert die Geschichte. (…) Die Toten besitzen ein Geheimnis, das zu erlangen wir Lebenden weder wert noch fähig sind. (…) Der Holocaust ist das ultimative Ereignis, das ultimative Mysterium, das nie verstanden oder mitgeteilt werden kann. Nur diejenigen, die dort waren, wissen, was es war; die anderen werden es nie wissen.«[129]
- Wenn der Diskurs über den Holocaust durch die Einzigartigkeitsthese dogmatisiert wird, tritt er auf der Stelle, kann keine Fortschritte mehr machen. Chaumont fasst das Dilemma so zusammen: »Man kann bei dieser Gelegenheit darauf hinweisen, dass die neueste Historiographie der ›Endlösung‹ von der Diskussion über die ›Singularität‹ abgeht, weil sie zum Verständnis der inneren Mechanismen des verbrecherischen Unternehmens überhaupt nicht *hilfreich* ist.«[130] Mit anderen Worten: Die Einzigartigkeitsthese ist für die Wissenschaft nicht förderlich, sie behindert sie sogar.
- Das Dilemma der Einzigartigkeitsthese wird dadurch verstärkt, dass die Erkenntnis- bzw. Begründungskriterien auch noch von der jeweiligen speziellen Betroffenheit, der ideologischen Position und vom Ort der Beteiligten – etwa Israel, die USA oder Deutschland – abhängen. Auch die mediale Art der Vermittlung des Ereignisses spielt eine große Rolle.

Die angeführten Probleme, die die These von der Einzigartigkeit aufwirft, machen zwei Momente deutlich: Erstens ist die ganze Debatte um die Einzigartigkeit des Holocaust wegen der vielen Widersprüche und der wissenschaftlichen Aporie, in die sie führt, pseudowissenschaftlich. Zweitens erschwert sie ein Lernen aus dem Mega-Verbrechen oder macht es sogar unmöglich, weil Lehren aus der Vergangenheit ziehen und die Feststellung, es sei mit der Gegenwart nicht vergleichbar, sich widersprechen. Zudem kommt von jüdischer Seite der Einwand: »Wenn der Holocaust [und damit auch die Einzigartigkeit] das jüdische Bewusstsein aufrechterhält, haben wir Hitler einen postumen Sieg verschafft.«[131] Der deutsche Historiker Eberhard Jäckel fasst die ganze Diskussion in dem Satz zusammen: »Was eigentlich würde sich denn ändern, wenn der nationalsozialistische Mord nicht einzigartig gewesen wäre?«[132]

2. Dirk Moses' Angriff auf die deutsche Israel-Ideologie

Die Behauptung von der Einzigartigkeit des Holocaust enthält einerseits ein gewichtiges theologisches bzw. esoterisch-irrationales Element, anderseits ist sie aber auch stark von politischen Interessen bestimmt. Diese Interessen hängen sehr eng mit dem Verhältnis Deutschlands zu Israel und den Palästinensern und dem deutschen Verständnis von Antisemitismus zusammen. Die deutsche Politik hat diese Elemente zu einer Ideologie oder zu einem Dogma zusammengeschweißt, die mit dem Anspruch auf absolute Geltung vertreten werden. Im Vorwort ist diese Ideologie schon angesprochen worden. Sie soll hier zum besseren Verständnis noch einmal aufgeführt werden.

Um Entlastung und Sühne für die furchtbaren Verbrechen der Nazis zu erlangen, ist die deutsche Politik nach 1945 zum

Philosemitismus mutiert und ein enges Verhältnis zum 1948 entstandenen Staat Israel eingegangen. Die deutsche Politik hat sich dabei immer ein Wunschbild von Israel konstruiert, weil man in diesem Staat vor allem die Zufluchtsstätte der Holocaustopfer gesehen hat. Zu den Verbrechen der Zionisten schwieg man, sie passten nicht ins Bild. Im Gegenteil, man ging sogar eine »Wertegemeinschaft« mit Israel ein, obwohl es angesichts des inhumanen und völkerrechtswidrigen Vorgehens der Zionisten gegen die Palästinenser keine gemeinsamen Werte geben kann.

Dieser Widerspruch führte dazu, dass das deutsch-israelische Verhältnis von großer Unaufrichtigkeit geprägt ist. Indem die deutsche Politik Israel bedingungslos politisch, militärisch, wirtschaftlich und kulturell beisteht und unterstützt, hat sie sich zum Verbündeten seiner anachronistischen siedlerkolonialistischen Besatzungs- und Unterdrückungspolitik gemacht, sie sichert so gesehen das israelische Unrechtssystem mit ab. Eine solche Politik steht aber völlig im Widerspruch zu den universalistischen Prinzipien der Menschenrechte und des Völkerrechts, zu dessen Einhaltung Deutschland nach dem Holocaust moralisch und politisch-juristisch nach dem Grundgesetz eigentlich verpflichtet wäre. Die deutsche Politik begibt sich auf diese Weise noch mehr ins moralische Abseits, weil sie auf Grund ihrer engen Symbiose mit dem Zionismus sogar bereit ist, die Kritik an den Verletzungen der universalistischen Prinzipien als »Antisemitismus« zu denunzieren. Die deutsche Israel-Ideologie deckt sich also so gut wie vollständig mit der zionistischen Ideologie und den Grundsätzen der israelischen Politik.

Diese Zusammenfassung stimmt ziemlich genau mit den Formulierungen in A. Dirk Moses' *Katechismus* überein. Dieser kurze Text des australischen Historikers ist im klassischen Sinn eine Ideologie-Kritik an dem deutschen Israel-Dogma. Nicht zufällig benutzt er dabei in der Tradition der Aufklärung in seiner Analyse Begriffe aus dem religiösen oder theologischen Bereich. Dazu gehören die Worte *Katechismus* und *Schuld*, letztere kann nur durch einen radikalen Philosemitismus und eine enge Symbiose mit Israel getilgt werden. Die *Reinheit* der Lehre überwachen *Glaubenswächter* oder *Hohe Priester* (Antisemitismus-Beauftragte), Abweichungen vom Dogma (*Häresien*) werden durch inquisitorisches Verurteilen bestraft – den Antisemitismus-Vorwurf, der existenzvernichtend sein kann.

Moses hat mit seinem Angriff auf die deutsche Israel-Ideologie einen Sturm der Entrüstung unter den Anhängern dieses Dogmas ausgelöst. Wie immer, wenn eine lange gültiges Glaubenssystem in Frage gestellt wird und neue Parameter in dem Diskurs auftauchen, die die alte überholte Sicht abzulösen drohen, wehren sich die Anhänger der Orthodoxie mit allen nur erdenklichen Mitteln gegen den drohenden Verlust ihres Wertekanons, der ihnen bisher intellektuelle Sicherheit und Geborgenheit garantiert hat. Sie bleiben dabei, unter Berufung auf die Einzigartigkeitsthese das Monopol auf die »richtige«, legitime Erinnerung zu besitzen und werfen den Kritikern umgekehrt vor, die Aufklärung und die Moderne – und damit auch den Universalismus – in Bausch und Bogen zu verwerfen,[133] was diese natürlich gar nicht tun.

Die Berufung auf den Holocaust und die Aufklärung setzt aber voraus, dass alle Menschen einen Anspruch auf gleiche Rechte und ein Leben in Würde haben – also auch die von Israel besetzten und unterdrückten Palästinenser. So weit wollen die Kritiker von Moses und Verteidiger des *Katechismus* aber doch nicht gehen: die Aufklärung hat für sie ihre engen Grenzen. Wie an der BDS-Resolution des Bundestages vom Mai 2019 noch zu zeigen sein wird, bedeuten ein Ende der Besatzung und die Schaffung von gleichen Rechten für die Palästinenser nach den Vorgaben der deutschen Israel-Ideologie eben Antisemitismus. Worauf israelische Historiker antworteten: »Das Beharren auf gleichen Rechten für die Palästinenser kann nicht als antisemitisch angesehen werden.«[134]

3. War der Genozid an den Hereros und Nama der Vorbote des Holocaust?

Die Frage, warum die Auseinandersetzung über die Einzigartigkeit des Holocaust von den Verteidigern dieser These so verbissen und zum Teil auch mit sehr unfairen Mitteln geführt wird, ist berechtigt. Denn wie Eberhard Jäckel richtig angemerkt hat: »Was würde sich ändern, wenn der Holocaust nicht einzigartig wäre?« Er würde nichts von seinem Grauen und seiner Schrecklichkeit verlieren, also keineswegs verharmlost werden. Es muss einen Grund haben, dass die Bastion für die Verteidigung der Einzigartigkeit im Sinne der Feststellungen des deutschen *Katechismus* so unnachgiebig und hartnäckig gehalten wird.

Die Gegner einer Definition des Holocaust als einzigartiges Phänomen, wie sie in der offiziellen Erinnerungspolitik verwendet wird, führen an, dass eine solche »Sakralisierung« des Verbrechens es aus dem Bereich des gewöhnlichen historischen Verständnisses herausnehmen würde. Wenn Vergleiche aber verboten sind, wird der Holocaust aus der Geschichtswissenschaft herausgelöst, was weitreichende Folgen hat. So wendet sich der amerikanische Holocaustforscher Michael Rothberg gar nicht gegen eine historische Sonderstellung des Holocaust im kollektiven europäischen Gedächtnis. Er plädiert aber für eine *multidirektionale Erinnerung* und meint damit eine wissenschaftliche Forschung, die vergleichende Perspektiven, Ähnlichkeiten und Unterschiede zwischen Genoziden herausarbeitet, um so zu verstehen, was am Holocaust singulär war.

Kollektive Erinnerungen entwickeln sich nach Rothberg nicht durch dogmatische Festlegung, sondern im Dialog miteinander, und er bewertet einen solchen – auch spannungsgeladenen – Dialog als etwas sehr Positives und Produktives. Ein Ergebnis dieses dialogischen Prozesses sei die öffentliche Wahrnehmung des Holocaust von Anfang an im Zusammenhang mit der Dekolonialisierung. Der Holocaust müsse deshalb im Kontext mit anderen Gewalterinnerungen gesehen werden, vor allem mit denen des Kolonialismus. Man müsse sich den Verbrechen der Kolonialgeschichte stellen und die Verbindungen und Zusammenhänge zum Nationalsozialismus aufdecken. Unterschiedliche Formen der Gewalt dürften aber weder gleichgesetzt noch als voneinander getrennt behandelt werden.

Die Gefahr, dass die Verbindung der Erinnerung an den Holocaust mit anderen Gewalterinnerungen – etwa durch einen Vergleich mit dem Kolonialismus – zu einer Abwertung oder sogar einer Leugnung des Holocaust führen würde, sieht Rothberg nicht. Erinnerung dürfe nicht nach der Logik eines »Nullsummenspiels« funktionieren, das heißt, dass die Erinnerung an ein Ereignis zwangsläufig auf Kosten eines anderen geht. Sein Weg der *multidirektionalen Erinnerung* würde eine Öffnung und Erweiterung der Erinnerung bedeuten und sie in die globale Geschichte einordnen.[135]

Der Hamburger Historiker Jürgen Zimmerer hat die Verbindungen und Zusammenhänge zwischen Kolonialismus und Holocaust konkret benannt. Er bezeichnet den Genozid der Deutschen an den Hereros und Nama im damaligen Südwest-Afrika (heute Namibia) als ersten Genozid des 20. Jahrhunderts.

Und da die deutschen Kolonialherren dort einen »Rassestaat« errichtet hatten und eine genozidale Politik betrieben, ist es für Zimmerer völlig legitim festzustellen, dass es eine Kontinuitätslinie von den Verbrechen im südlichen Afrika zum Nationalsozialismus gibt. Er betont aber ausdrücklich, dass koloniale Genozide nicht mit dem nationalsozialistischen Völkermord gleichgesetzt werden können. Mit anderen Worten: Es gibt zwischen kolonialen Genoziden und dem Holocaust eine Kontinuität und strukturelle Ähnlichkeit, aber keine Kausalität.

Zimmerer fragt also nicht danach: Ist der Holocaust passiert, weil es den Genozid an den Hereros gegeben hat, sondern welche Strukturen, Ideologien und Mentalitäten ermöglichten beide Verbrechen? Zimmerer macht verschiedene Faktoren aus, die in beiden Systemen zentrale Elemente waren. Es ist besonders das Verhältnis von Rasse und Raum. Im Falle Südwest-Afrikas drückt es sich in genozidalen Gewaltphantasien und ihrer Umsetzung im deutschen Militär und der deutschen Verwaltung aus. Der Genozid dort popularisierte diese Gewalt, verbreitete die Vernichtungsphantasien und schuf die Legitimation für sie.[136]

Wichtig für die Argumentation Zimmerers ist der Begriff des Siedlerkolonialismus, denn er stellt mit Parallelen und strukturellen Ähnlichkeiten das Bindeglied zwischen dem deutschen Kolonialismus in Südwest-Afrika und dem Nationalsozialismus dar. Zimmerer definiert ihn so: »Der Siedlerkolonialismus (…) ist der Versuch der Kontrolle und bevölkerungspolitischen Neuordnung größerer Territorien nach den Vorgaben einer ortsfremden, von außen in die Region eingedrungenen Bevölkerung. Gerechtfertigt wurden sowohl die Invasion als auch die Besetzung fremder Kontinente durch die Einteilung der Menschen in höhere, zum Herrschen bestimmte, und niedere, ihnen unterworfene Rassen. Anders als mit essenzieller Ungleichheit ließen sich der gigantische Landraub und die Ausbeutung, die mit Kolonialismus verbunden waren, auch gar nicht rechtfertigen. Am unteren Ende der Rangstufe imaginierte man dabei allzu oft Gruppen, die angeblich dem Untergang geweiht waren. Hier nachzuhelfen, erschien eher als weltgeschichtlicher Auftrag denn als der brutale Massenmord, der es eigentlich war.«[137]

Zimmerer zieht die Parallele zum Nationalsozialismus, denn dieser verstand die Eroberung des Ostens (Polens und der Sowjetunion) durch den Vernichtungskrieg auch als koloniales Projekt, weil dort Lebens- und Siedlungsraum für das deutsche Volk geschaffen werden sollte. Dass Hitler genau in solchen kolonialen Vorstellungen dachte, belegt das Zitat: »Der Kampf um die Hegemonie in der Welt wird für Europa durch den Besitz des russischen Raumes entschieden; er macht Europa zum blockadefestesten Ort der Welt. (…) Der russische Raum ist unser Indien, und wie die Engländer es mit einer Handvoll Menschen beherrschen, so werden wir diesen Kolonialraum regieren.«[138]

Zimmerer und Rothberg betonen in einem gemeinsamen Text die Vorteile der *multidirektionalen Erinnerung*, denn die vergleichenden Ähnlichkeiten und Unterschiede herauszuarbeiten, böte die besten Voraussetzungen dafür zu verstehen, was am Holocaust singulär gewesen sei. Und diese Methode hätte die besten Chancen zur Prävention von Genoziden. Die beiden Autoren werfen ihren Gegnern eine Entweder-oder-Logik des Provinzialismus vor, nötig sei aber ein Sowohl-als-auch, basierend auf globaler Geschichte sowie multidirektionalem und Rassismus-kritischem Aktivismus. Sie schließen ihre Ausführungen mit den Worten: »Am Ende steht nicht weniger deutsche Verantwortung, sondern mehr, nicht weniger, sondern mehr Kampf gegen den Antisemitismus und Rassismus. Sollte das nicht das Ziel jeder Auseinandersetzung mit dem Holocaust und den Verbrechen des Nationalsozialismus sein?«[139]

4. Warum die These von der Einzigartigkeit so verbissen verteidigt wird

Einer der aktivsten Streiter für die These von der Einzigartigkeit des Holocaust ist der *Zeit*-Redakteur Thomas Schmid. Er will vor allem die Aussagen von Jürgen Zimmerer, Michael Rothberg und A. Dirk Moses widerlegen, was ihm aber nicht gelingt, da er vornehmlich mit polemischen Unterstellungen argumentiert. So will er Zimmerer nachweisen, dass er doch eine kausale Beziehung zwischen den Verbrechen des Kolonialismus und dem Holocaust herstellt. Zimmerer hat aber nie behauptet, Kolonialismus und Holocaust unterschieden sich im Prinzip nicht, sie seien also wesensgleich. Das Gegenteil ist richtig. Zimmerer betont immer wieder, dass die Erforschung des Kolonialismus – seines Rassismus und seiner Gewaltverbrechen – wertvolle Einsichten in die Entstehung, das Funktionieren und das Scheitern von Rassenideologien und Lebensraumvorstellungen wie etwa des Nationalsozialismus möglich mache.[140]

Diese Methode soll also dazu beitragen, den Holocaust besser verstehen zu können und nicht wie Schmid behauptet, »wenn nicht verschwinden zu lassen, so ihm aber seine Sonderstellung zu nehmen.«[141] An keiner Stelle behauptet Zimmerer, dass der Holocaust ein Spezialfall des Kolonialismus sei. Oder, dass der Holocaust nicht der große Zivilisationsbruch sei, sondern der ihm vorausgehende und ihn einschließende Kolonialismus. Schmid baut hier Pappkameraden als Gegner auf, denen er Unwissenschaftlichkeit vorwirft. Alles in der Absicht, seine eigenen Glaubenssätze von der Einzigartigkeit des Holocaust zu retten.

Natürlich hat Schmid Recht, wenn er sagt, dass die Nazis die Juden aus ideologischen Gründen ermordet haben, weil sie Juden waren. Aber er behauptet gleichzeitig, dass den kolonialen Verbrechen keine ideologischen Motive zu Grunde gelegen hätten, sondern »die Gier nach bisher unbekannten Reichtümern, Schätzen und Waren sowie die Neugier auf andere, unbekannte, exotische Welten«. Auch die christliche Mission habe eine wichtige Rolle gespielt, es sei aber nicht darum gegangen, diese Völker zu vernichten.[142] Dem kann das oben genannte Beispiel der bewusst geplanten Ausrottung der Ureinwohner Nordamerikas entgegengehalten werden.

Verschiedene andere wissenschaftliche Arbeiten aus neuerer Zeit zeigen zudem, dass ideologische Beweggründe – unterlegt mit Phantasien, Gefühlen und Vorstellungen – in allen Völkermorden die entscheidenden Motive waren. Selbst wenn man die rein praktischen Gründe für koloniale Konflikte in Betracht zieht, erfordert der Sprung von einem Konflikt zu einem Völkermord immer eine bestimmte Art von Vorstellungskraft, um die Behauptung zu rechtfertigen, dass zum »Feind« auch Frauen, Kinder und alte Menschen gehören, die ausgerottet werden müssen. Die drei israelischen Historiker Alon Confino, Amos Goldberg und Raz Segal konstatieren: »Die gegenwärtige Forschung stellt fest, dass völkermörderische Gewalt immer aus einer Mischung von Motiven, einschließlich solcher wirtschaftlicher und ideologischer Natur, resultiert.«[143]

Die drei Autoren belegen, dass den Genoziden in Mittel- und Südamerika neben wirtschaftlichen auch ideologische (theologische) Motive zu Grunde lagen. Selbst der Holocaust sei sowohl von ideologischen wie auch ökonomischen Beweggründen bestimmt gewesen. So hätten die Nazis durch die Auflösung des Warschauer Ghettos und die Ermordung der meisten Menschen dort (einer halben Million Juden) erhebliche Mengen an Lebensmittel einsparen können, was ein Schlüsselfaktor für die Kriegswirtschaft der Nazis gewesen sei, da im Frühjahr 1942 eine große Knappheit an Nahrungsmitteln geherrscht habe.[144]

Den massivsten Angriff führt Schmid aber gegen die Vertreter des postkolonialen Denkens. Die akademischen Studien der *postcolonial studies* gehen davon aus, dass die Macht- und Herrschaftsstrukturen des Kolonialismus im Bewusstsein der Menschen in den früheren Kolonien und auch in den Ländern des Westens trotz des Endes des Kolonialismus weiter bestehen – politisch, ökonomisch und kulturell. Der Rassismus, der der Grund für die Verachtung der Indigenen in den Kolonien gewesen sei, bestimme die Vorstellung von diesen Menschen im Westen bis heute. Zimmerer, Rothberg und Moses bekennen sich zu dieser postkolonialen Denkrichtung oder stehen ihr zumindest nahe.

Da die postkolonialen Autoren Einwände gegen die Einzigartigkeit des Holocaust vorbringen, sieht Schmid in ihnen offenbar seine Hauptgegner und überzieht sie geradezu mit polemischen Schmähungen. Er behauptet, sie hätten wohl Neid auf die Juden, denn man werfe ihnen vor, sich effektvoll als Opfer zu inszenieren. (Man denke in diesem Zusammenhang an Shlomo Sands Vorwürfe gegen das jüdische Establishment, das für die Juden eine Sonderrolle als Opfer durchgesetzt habe, und an Norman Finkelsteins Kritik an der *Holocaust-Industrie*.)

Außerdem – so Schmid – sähen die Postkolonialisten in den Juden »Erbschleicher«, die auf Kosten der Schwarzen und anderer Kolonisierter einen singulären Opferstatus für sich usurpierten.[145] Schmid bleibt aber den Beleg schuldig, wo die Autoren eine solche Behauptung aufstellen. Belegen lässt sich aber, dass

Elie Wiesel behauptet, die ehemals Kolonisierten hätten sich von den Juden den Opferstatus angeeignet.[146]

Schmidt hat aber noch schärfere Pfeile im Köcher. Er wirft den Postkolonialisten vor, gegen die Aufklärung, die Moderne und damit gegen den Universalismus zu sein. Letzterer, behauptet er, sei für postkoloniale Denker eine europäische Waffe, um die Welt zu unterwerfen, Moderne und Fortschritt sei für sie Barbarei.[147] Nirgendwo bei Zimmerer, Rothberg oder Moses ist dergleichen zu lesen. Moses antwortet auf diesen Vorwurf denn auch: »Die antikolonialen Bewegungen des 20. Jahrhunderts strebten nach bürgerlichen Rechten in europäischer, revolutionärer Tradition – nach einem Staat, der seinen Subjekten Rechte garantiert.«[148] Sie waren also durchaus universalistisch orientiert.

Natürlich haben die Moderne und die Aufklärung auch ihre Sünden begangen, wenn selbst Kant und Marx sich abfällig über indigene Völker oder Menschen geäußert haben; wenn Hegel schrieb, dass die afrikanischen Völker keine Geschichte hätten; wenn die Prinzipien der amerikanischen Verfassung von 1787 nur für Weiße galten. Betroffene aus den ehemals kolonisierten Ländern haben jeden Anlass zur Kritik. Dazu kommt etwas Anderes: Der Postkolonialismus ist keine einheitliche Denkrichtung, in ihm gibt es sehr unterschiedliche wissenschaftliche Ansätze und Perspektiven. Der Oberbegriff Postkolonialismus ist nicht mehr als ein gemeinsamer Nenner. Für Fehleinschätzungen des Postkolonialismus kann Schmid nicht Zimmerer, Rothberg und Moses verantwortlich machen, was er aber tut. Der *Zeit*-Autor geht sogar noch weiter und stellt sie in die Nähe des Antisemitismus.[149]

Das muss man richtig verstehen. Schmid verteidigt mit Vehemenz die These von der Einzigartigkeit des Holocaust und die daraus folgende These, dass man den Massenmord an den europäischen Juden nicht mit kolonialen Verbrechen vergleichen könne. Konsequent lehnt er deshalb das postkoloniale Denken ab, das zwar scharf mit allen Erscheinungen des Kolonialismus in Vergangenheit und Gegenwart ins Gericht geht, aber auch verstehende Zusammenhänge und Parallelen zum Holocaust herstellt. Schmid muss das tun, denn wenn er die postkoloniale Sicht zulassen würde, müsste er auch den zionistischen Siedlerkolonialismus Israels kritisch mit einbeziehen. Das geht aber unter keinen Umständen, denn die deutsche Erinnerungspolitik ist eng mit dem Vertreten der Einzigartigkeitsthese und der Durchsetzung einer äußerst Zionismus-freundlichen Politik verbunden.

Moses schreibt: »Die Binär-Beziehung zwischen Deutschen und Juden wird darin aufrechterhalten, um einen deutschen Narzissmus zu speisen, um eine Fantasie zu entwerfen, in der Deutschland die Rolle einer Schutzmacht im Nahen Osten spielt, um Israel als jüdischen Fluchtort zu sichern. Dabei wird verkannt, dass dort einst Palästinenser/innen wohnten, von denen viele einen Fluchtort in Deutschland suchen mussten. Merkwürdigerweise behauptet zugleich niemand, dass ein solch identitätsstiftendes Verhältnis etwa gegenüber den Herero vonnöten sei, an deren Vorfahren die deutschen Imperialmächte ebenfalls einen Völkermord verübten.«[150]

An dieser Stelle wird der von Schmid und der deutschen Erinnerungspolitik behauptete Universalismus brüchig, ja äußerst widersprüchlich, denn er bezieht Israels Siedlerkolonialismus nicht mit ein, verschweigt oder verdrängt ihn schlicht, er passt nicht ins Bild der immer wieder verkündeten so »erfolgreichen deutschen Beziehung zu Israel« und der behaupteten Erfolgsgeschichte der Erinnerungspolitik. Jede Kritik an der

Einzigartigkeitsthese und Israels brutaler und völkerrechtswidriger Besatzungs- und Unterdrückungspolitik wird deshalb mit dem Vorwurf des Israel-bezogenen Antisemitismus abgewehrt. Der Antisemitismus wird auch auf das postkoloniale Denken projiziert und so mit der extremen Rechten in Verbindung gebracht.

Nun werden die Verteidiger Israels natürlich abstreiten, dass es sich bei diesem Staat um ein siedlerkolonialistisches Projekt handelt. Aber es erfüllt genau die folgenden Kriterien: »Der reine Siedlerkolonialismus, für den Israel ein Beispiel ist, strebt danach, die einheimische Bevölkerung durch eine eingewanderte Siedlerbevölkerung vollständig zu ersetzen. Die Grenzen werden stets weiter nach vorn verschoben und die einheimische Bevölkerung auf stets kleiner werdenden Flächen zusammengedrängt, um ihr Land und ihre Ressourcen für die Siedlerbevölkerung freizumachen. Charakteristisch für Siedler-kolonialistische Gebilde sind neben territorialer Expansion ein ausgeprägter Rassismus in der Siedlerbevölkerung und die Behauptung, das Land sei leer gewesen, als die ersten Siedler kamen. Die bekanntesten siedlerkolonialistischen Staaten sind die USA, Neuseeland, Australien, Südafrika und Israel.«[151]

Diese Definition des Siedlerkolonialismus trifft genau auf das Vorgehen der Zionisten in Palästina/Israel zu und es dauert mit der Siedlungspolitik im Westjordanland, dem Abreißen von Beduinendörfern, dem Zerstören von Häusern und dem Vertreiben seiner Bewohner (etwa in Ost-Jerusalem) noch an. Jürgen Zimmerer definiert an anderer Stelle die deutschen Siedlerkolonien in Deutsch-Südwest-Afrika so: »Die Neuankömmlinge in den Siedlerkolonien meinten – sofern sie das Land nicht überhaupt als ›menschenleer‹ imaginierten –, ohne Rücksicht auf indigene Siedlungs- und Wirtschaftsräume daran gehen zu können, das Land nach eigenen Vorstellungen zu gestalten, um ›Ordnung‹ ins ›Chaos‹ zu bringen. Die entgegen der populären europäischen Vorstellung vorhandenen Einheimischen waren dabei nur im Weg. Sofern sie sich nicht zur Arbeit ausbeuten ließen, wurden sie verdrängt oder ermordet.«[152]

Auch diese Sätze treffen auf Israels Siedlerkolonialismus zu, was sich mit vielen Äußerungen führender Zionisten und ihrer Politik belegen lässt. Streiten kann man über den letzten Satz. Natürlich haben die Zionisten auch arabische Arbeitskraft ausgebeutet und tun das auch heute noch. (Palästinensische Arbeiter bekommen in Israel sehr viel geringere Löhne als Israelis und kaum Sozialleistungen.) Die Zionisten haben aber sehr früh das Konzept der »jüdischen Arbeit« eingeführt, um ein rein jüdisches Wirtschaftssystem zu schaffen, was die Entlassung der arabischen Arbeiter zur Folge hatte. Das Wort »Mord« sollte man mit Vorsicht verwenden. Tatsache ist aber, dass die Zionisten 1948 eine ethnische Säuberung (die Nakba) durchgeführt haben, bei der etwa 800.000 Palästinenser vertrieben worden sind und sehr viele durch die Gewalt der Zionisten auch den Tod fanden. Es gab zahlreiche Massaker an diesem Volk. Der israelische Historiker Ilan Pappe nennt die Nakba ein »Verbrechen gegen die Menschlichkeit«.[153] Im Krieg von 1967 sind noch einmal 300.000 Palästinenser vertrieben worden. In Israels späteren asymmetrischen Kriegen gegen die Palästinenser sind Tausende von ihnen (vor allem auch Zivilisten) umgekommen, die israelischen Verluste waren dagegen dank seiner überlegenen Waffentechnik minimal.

Ob Israel einen Genozid an den Palästinensern begangen hat und noch begeht, ist umstritten. Pappe spricht aber von einer »genozidalen Politik«, die auf Völkermord abziele.[154] Der frühere UNO-Sonderberichterstatter für Menschenrechte in den von Israel besetzten palästinensischen Gebieten, Richard Falk, bezeichnete mit Blick auf die totale Abriegelung des Gazastreifens die dortige Situation als einen »Holocaust-im-Entstehen«.[155]

Aber diese Steine, unter denen sehr giftige Skorpione vermutet werden, heben deutsche Publizisten wie Thomas Schmid und auch deutsche Politiker nicht hoch, denn dann stände der Gründungsmythos und die ganze moralische Existenz dieses Staates zur Debatte. Und die deutsche Erinnerungspolitik, die so eng mit der zionistischen Auffassung des Holocaust verbunden, ja mit ihr identisch ist, würde auch beträchtlichen und nicht wiedergutzumachenden Schaden nehmen.

5. Der Fall Mbembe als Beispiel für das Tabu des vergleichenden Denkens über den Holocaust

Der Historiker und Philosoph Achille Mbembe stammt aus Kamerun und arbeitet heute an der Universität von Johannesburg. Er ist *der* Theoretiker des Postkolonialismus, das heißt natürlich, dass er als betroffener Erbe und Nachfahre des europäischen Kolonialismus die Welt nicht so sieht wie der deutsche Antisemitismusbeauftragte Felix Klein, der Wächter über den deutschen *Katechismus*. Mbembe beurteilt den israelischen Siedlerkolonialismus sehr kritisch.

Die Intendantin der Ruhrfestspiele Stefanie Carp hatte 2020 Achille Mbembe als Redner zum Thema *Planetarisches Leben* eingeladen. Der nordrheinwestfälische FDP-Landtagsabgeordnete Lorenz Deutsch sah darin einen Versuch, Antisemitismus ein öffentliches Forum zu liefern. Die Vorwürfe: Mbembe habe Israel das Existenzrecht als Staat abgesprochen, den Holocaust relativiert und die Lage in Israel/Palästina mit der Apartheid in Südafrika verglichen. Der Antisemitismusbeauftrage Felix

Klein reagierte sofort und fügte noch den Vorwurf hinzu, dass Mbembe der BDS-Bewegung (Boykott, Deinvestment, Sanktionen) nahestehe, die das Ende der Besatzung sowie die Realisierung der Menschenrechte für die Palästinenser fordert und zum Erreichen dieser Ziele einen wirtschaftlichen und kulturellen Boykott Israels vorschlägt. Der Bundestag hat BDS am 19. Mai 2019 in einer Resolution als »antisemitisch« verurteilt.

In der nun folgenden skandalösen medialen und politischen Kampagne gegen Mbembe ging es eigentlich um den israelischen Siedlerkolonialismus und Mbembes Position dazu. Der Begriff kam in der aufgeregt-hysterischen Debatte aber gar nicht vor, weil er im deutschen Diskurs über Israel natürlich tabuisiert ist. Es ging deshalb ausschließlich um die Frage: Ist Mbembe ein Antisemit? Nach den partikularistisch-zionistischen Kriterien des deutschen *Katechismus* ist er das, nach den universalistischen Kriterien, die Mbembe selbst vertritt, ist er ein großer Humanist und natürlich kein Antisemit.

Was hatte Mbembe in seinen Schriften zum Konflikt zwischen Israel und den Palästinensern geschrieben? In einem Artikel für die *Zeit* betonte er, dass er sich nie die Frage einer Debatte über die Einzigartigkeit oder Singularität des »katastrophalen Ereignisses« Holocaust gestellt habe. Genau so wenig sei ihm daran gelegen gewesen, sich je in eine Opferlogik zu versetzen und in einen Erinnerungswettbewerb einzutreten. Sein Hauptinteresse habe immer der Frage gegolten, welche Bedeutung dem Kolonialismus und dem Rassismus für die Struktur der modernen Welt beizumessen sei. Die europäischen Modelle des Sklavenhandels und der kolonialen Expansion seien über die Weltmeere exportiert worden. Außerhalb Europas seien sie sukzessive weiterentwickelt, in neue Kontexte verpflanzt und übertragen worden. Die Kolonien der Europäer hätten daher als

Laboratorien für Formen der Verrohung, des Menschenraubs und der strukturellen Gewalt gedient. Diese Entwicklung sei Mitte des 20. Jahrhunderts in einem Bumerangeffekt auf das Zentrum Europas selbst zurückgeschlagen und habe zum Aufstieg von Faschismus und Nazismus beigetragen.[156]

Mbembe sieht also auch einen klaren Zusammenhang zwischen den kolonialen Gewaltverbrechen und denen des Nationalsozialismus. Er betont in dem Artikel, dass er sich nie mit der Soziologie des Staates Israel und seinem Recht auf Existenz beschäftigt habe, noch damit, warum Israel den Holocaust für sich in Anspruch nehmen könne. Zu diesen Themen verweist er auf israelische Kollegen oder jüdische Denker. Das Existenzrecht Israels sei aber grundlegend für das Gleichgewicht der Welt.

Dann nimmt er ausführlich aus seiner postkolonialistischen Sicht zu Israel Stellung: »Palästina nimmt einen wichtigen Platz in meinem Nachdenken über die ›andere Seite der Welt‹ ein, das heißt über die kolonialen Formen der Aufteilung der Erde und des Lebens. In diesem Zusammenhang vertrete ich die folgende Hypothese: Aus den Methoden, mit denen die besetzten Gebiete Palästinas verwaltet oder sich selbst überlassen werden, entwickeln sich technofuturistische Formen der Enklavenbildung, des Abflusses von Menschen und der Enteignung, die von globaler Bedeutung sind. In diesen Entbindungsprozessen ist ein Modell des Regierens über Menschenmassen am Werk, die als überflüssig und gefährlich erachtet werden, ein Modell, das nicht mehr nur auf Palästina beschränkt bleibt, sondern sich allmählich in mehreren Teilen der Welt ausbreitet.« (Es sei hier in Parenthese angemerkt, dass die These von den »überflüssigen Menschen«, die ausgelagert und weggesperrt werden, weil man sie zum Funktionieren des kapitalistischen Systems nicht mehr braucht, auch von der kanadisch-jüdischen

Wirtschaftswissenschaftlerin Naomi Klein vertreten wird. Sie nennt den Vorgang »warehousing«. Das ist ein Begriff aus der Logistik. Diese Menschen werden also »ein- oder weggelagert« – wie eben die Palästinenser.)

Mbembe fährt dann fort: »Noch einmal: Der Zweck einer solchen Untersuchung besteht nicht darin, Israel den Prozess zu machen. Der Fall Palästina, aber auch andere Fälle, auf die ich mich beziehe, dienen als empirische Grundlage, um über die allgemeine Frage nachzudenken, was wir mit denen tun sollen, die mit uns oder neben uns leben, mit denen wir aber keine andere Beziehung als eine der Abspaltung haben wollen. Auch hier stammen die reichhaltigsten empirischen Beschreibungen der faktischen israelischen Kolonialverhältnisse in den besetzten Gebieten zum Teil aus der Forschung vor Ort. Im Hinblick auf den Kolonialismus im Allgemeinen ist meine politische und philosophische Position einfach. Ich bin gegen jede Form von Kolonialismus. Die israelische Politik in den besetzten Gebieten unterstütze ich daher nicht und möchte in keiner Form mit ihr in Verbindung gebracht werden. Wenn aber die Tatsache, dass man den Kolonialismus nicht unterstützt, ein Verbrechen oder ein Beweis für Antisemitismus wäre, dann würden zweifellos viele Israelis selbst diesen Test nicht bestehen.«[157] Diese Position hat nichts mit dem deutschen Blick – dem *Katechismus* – auf Israel zu tun. Aber ist sie deshalb antisemitisch?

In einem früheren Text aus dem Jahr 1992 hatte Mbembe seine Position sehr viel schärfer formuliert und vergleicht auch koloniale Verbrechen mit dem Holocaust. Den Massenmord an den Juden bezeichnete er da als ein Verbrechen, dessen ungeheuerliches Ausmaß menschliche Verstandeskraft übersteige. Juden und Afrikaner hätten im Holocaust bzw. im Kolonialismus im Kern das Gleiche durchlitten: »Wir haben in unseren

Knochen und in unserer Seele die Erfahrung gemacht, wie der Wahnsinn und die Abwesenheit der Vernunft in ihr schlimmstes Extrem getrieben werden, bis an jenen äußersten Punkt, wo die Ereignisse in sich selbst keinen Sinn mehr haben, wo die Wahrheit und die Falschheit, die Gerechtigkeit und ihre Verweigerung nichts mehr bedeuten und über sie wie durch das Los entschieden wird. Wir können in unseren jeweiligen Geschichten wiederfinden, was es an Scheußlichstem im Zusammenspiel zwischen dem ›Fortschritt‹ und der Grausamkeit, der ›Zivilisation‹ und der Barbarei, der ›Vernunft‹ und der Gewalt gibt.«[158]

Die Erfahrung von westlichem Verhalten – sei es in Form des europäischen Imperialismus südlich der Sahara oder von Antisemitismus und Genozid – habe zu neuem Leid in der heutigen Welt geführt, das nun die ehemaligen Opfer zu verantworten hätten, und das seien die gewalttätigen Autokraten im postkolonialen Afrika und Juden bzw. Zionisten in Israel. Das seien zwei Seiten einer Medaille. Die Israelis sind für Mbembe nicht die letzten Kolonialherren der Welt, vielmehr sind sie postkolonialen afrikanischen Gewaltherrschern – also den ehemaligen Opfern des westlichen Kolonialismus – wesensgleich.

Mbembe stellt dem deutschen Historiker Thomas Weber zufolge einen Kausalzusammenhang zwischen Antisemitismus und Holocaust einerseits und dem Verhalten Israels gegenüber den Palästinensern andererseits her, genauso wie er einen solchen zwischen Kolonialverbrechen und den Schandtaten von afrikanischen Autokraten sieht. Mehr noch: Er behandelt Antisemitismus, Holocaust, israelische Politik und imperiale und postkoloniale Verbrechen als wesensgleich. »In dem Maße, wie die magische Illusion der ›Befreiung‹ sich auflöst, versinkt Israel wie die gesamte Postkolonie in der Wiederholung: Wiederholung des Verbrechens, Wiederholung der Käuflichkeit,

Wiederholung der verlogenen Versprechen, Wiederholung der Dummheit und des Falschen, Wiederholung des Rechts zur Ungerechtigkeit und zur Untat, Wiederholung der schändlichen Arbeit, die darin besteht, den Platz der Mörder einzunehmen und das dumme Leben derer zu reproduzieren, die gestern Opfer, heute Verfolger, sich jenem schwachsinnigen Spiel hingeben, das Vergewaltigung, Raub, Kolonisierung und Schutzgelderpressung heißt.«[159]

Wie kommt Mbmebe dazu, Israels politische Elite mit afrikanischen Gewaltherrschern und Despoten in der Dritten Welt zu vergleichen, wo die Israelis doch ständig betonen, die »einzige Demokratie« im Nahen Osten und ein Mitglied der »westlichen Wertegemeinschaft« zu sein? Der Israeli Benjamin Beit-Hallahmi hat in seinem Buch *Schmutzige Allianzen. Die geheimen Geschäfte Israels* aufgedeckt, wie die zionistische Ideologie selbst zutiefst kolonialistisch ist und wie eng dieser Staat im vergangenen Jahrhundert mit den reaktionärsten Herrschern in der Dritten Welt zusammengearbeitet und die antikolonialen Bewegungen bekämpft hat. Heute, wo diese Bewegungen zu selbstständigen Staaten geworden sind, umwirbt Israel sie, weil es auf ihre Stimmen in der UNO zählen will, vielleicht auch aus okonomischen Gründen. Aber die wesentlichen Positionen haben sich nicht geändert.

Das Grundverhältnis Israels zu Gewaltherrschern oder sie bekämpfenden oppositionellen Gruppen in der Dritten Welt hat sich aber nicht geändert. Beit-Hallahmi begründet das so: »Der Gedanke der Befreiung und Selbstbestimmung für die Länder der Dritten Welt stellt für den Zionismus eine existenzielle Bedrohung dar. Sogar der Begriff Menschenrechte ist für das politische System Israels von potenzieller Brisanz. Jede ernsthafte Auseinandersetzung mit der israelischen Politik in der Dritten Welt muss unvermeidlich zu einer radikalen Kritik am Zionismus und seinen politischen Zielen führen. Das erklärt, warum es eher unwahrscheinlich ist, dass eine solche Auseinandersetzung in Israel stattfinden oder auf nennenswerte Resonanz stoßen könnte.«

Die Unterdrückung der Palästinenser tabuisiert jede Diskussion in Israel über Fortschritt und Gerechtigkeit in der Dritten Welt. Beit-Hallahmi fährt deshalb fort: »Das Unrecht, das den Palästinensern angetan wird, liegt so klar auf der Hand, dass man, um es nicht zur Kenntnis nehmen zu müssen, das Thema als solches tabuisieren muss. Da aber jede Diskussion darüber, was Israel in der Dritten Welt anstellt, zwangsläufig in die Frage nach den Rechten der Palästinenser münden würde, muss auch die Dritte-Welt-Problematik tabuisiert werden. Man kann nicht über Gleichberechtigung, Freiheit und Selbstbestimmung im Allgemeinen reden, ohne irgendwann auch das Verhältnis zwischen Israelis und Palästinensern an der Elle dieser hehren Ideale zu messen. Was Wunder, dass Israel für Befreiungsbewegungen in der Dritten Welt nichts übrighat.«[160]

Israel stand und steht immer auf der Seite der Starken, nie der Schwachen, Armen und Unterdrückten. Es geht dabei also nicht um Moral und Humanismus, sondern um die Macht und das Überleben des Staates. Deshalb beliefert Israel heute auch die schlimmsten Diktaturen mit seiner Waffen-, Überwachungs- und Kontrolltechnik. Besonders eng waren Israels Beziehungen zum Apartheid-Staat Südafrika, was mit der Ähnlichkeit ihrer Systeme zusammenhing, denn beide sind siedlerkolonialistische Staaten. Beit-Hallahmi spricht von einer »fast vollständigen Verschmelzung beider Systeme.«[161] Diese Beziehungen waren moralisch sicher nicht zu rechtfertigen. Aber auch eine Diskussion über das unmenschliche Apartheidsystem musste in Israel tabu sein, weil sich bei einer solchen Debatte auch wieder die Frage nach der moralischen Berechtigung des Zionismus gestellt hätte.

Aus der postkolonialistischen Sicht Mbembes ist Israel ein spätmoderner Kolonialstaat, der die absolute Herrschaft über die Bewohner der besetzten Gebiete hat: »Der Belagerungszustand ist selbst eine militärische Institution. Er ermöglicht eine Modalität des Tötens, die nicht zwischen dem äußeren und dem inneren Feind unterscheidet. Ganze Bevölkerungen sind das Ziel des Souveräns. Belagerte Dörfer und Städte werden abgeschottet und von der Welt isoliert. Das tägliche Leben ist militarisiert. Lokale Militärkommandanten haben die Ermessensfreiheit, zu entscheiden, wen sie wann erschießen. Die Bewegung zwischen den territorialen Zellen erfordert formale Genehmigungen. Lokale zivile Institutionen werden systematisch zerstört. Die belagerte Bevölkerung wird ihrer Einkommensmöglichkeiten beraubt. Zu den offenen Exekutionen kommt das unsichtbare Töten hinzu.«[162] Die Aussagen Mbembes über Israel klingen für deutsche Ohren sicher sehr hart, aber sie beschreiben die siedlerkolonialistische Besatzungsrealität dort sehr genau. Mbembe hat ein geschärftes Auge für koloniale Fakten – natürlich nicht nur für die Realitäten in Israel/Palästina.

Auch für ihn ist selbstverständlich: Vergleiche zwischen Gewaltverbrechen zu ziehen, muss möglich sein, um Gemeinsamkeiten, Ähnlichkeiten und Unterschiede erkennen zu können, um dann Mega-Verbrechen wie den Holocaust besser verstehen zu können – auch weil man nur so präventiv Tendenzen und Mechanismen aufdecken kann, die zu neuen Genoziden führen können. Solche Vergleiche, die in der Genozid-Forschung längst selbstverständlich sind, darf es aber im Verständnis des deutschen *Katechismus* nicht geben, sie werden tabuisiert – auch wenn sie den Holocaust gar nicht abwerten oder relativieren und auch die deutsche Verantwortung nicht untergraben.

Die Kampagne gegen Achille Mbembe hat belegt, wie eng und ideologisch festgelegt das offizielle deutsche Erinnern an den Holocaust ist, weil es sich völlig unkritisch an die Politik Israels anlehnt, sich mit dem zionistischen Erinnern Israels deckt und das Narrativ der Palästinenser und deren berechtigte politische Anliegen völlig negiert. Die offizielle deutsche Erinnerungspolitik richtet sich also völlig einseitig an Israel aus, wobei die Mainstream-Medien tatkräftige Hilfe leisten. Bei Abweichungen und Zuwiderhandlungen wird von den Wächtern des *Katechismus* der Antisemitismus-Vorwurf als schärfste Waffe eingesetzt.

Achille Mbembe hat dieses inquisitorische Vorgehen leidvoll erfahren müssen. Der afrikanische Intellektuelle, der angibt, dass das jüdische Denken ihn maßgeblich geprägt hat und dessen Bestreben die »Hoffnung auf die Herausbildung einer wirklich universellen menschlichen Gemeinschaft [ist], von deren Tisch niemand ausgeschlossen wird«, sprach nach seiner deutschen Erfahrung von »moralischer Erpressung«. Er bekannte an die deutschen Antisemitismus-Wächter gerichtet: »Wenn Denken und Glauben nicht mehr frei ausgeführte Handlungen des Subjekts sind, sondern ein Nachbeten von *Katechismus*-Artikeln ohne Überzeugung, und wenn Dissens ein Vorwand für Repression sein kann, dann gibt es keine Gewissensfreiheit mehr. Für mich gehört die Verweigerung einer Zusammenarbeit mit Personen und Institutionen, die an der kolonialen Besatzung eines Volkes durch ein anderes Volk beteiligt sind, zum Ausüben der Gewissensfreiheit. (…) All jene, die die koloniale Besetzung kritisieren, in trivialer Weise des Antisemitismus zu bezichtigen, leistet dem allgemeinen Kampf gegen den Antisemitismus hingegen einen Bärendienst.«[163]

V. Die Erinnerung an den Holocaust als Fundament der deutschen Nation (Glaubenssatz 2)

Können die Erinnerung und das Gedenken an den Holocaust das moralische Fundament der deutschen Staatlichkeit sein? Offiziell würde das vermutlich kein deutscher Politiker so sagen, aber die Unerbittlichkeit und die dogmatische Starre, mit der an dem Glauben der Einzigartigkeit des Holocaust festgehalten wird, weist doch in diese Richtung. Auch die rituellen Abläufe des offiziellen Gedenkens nach immer denselben Regeln und mit immer denselben (inzwischen hohl klingenden) Reden belegen, dass die Erinnerung an den Mord der europäischen Juden durch die Nazis, eine, wenn nicht sogar die tragende Säule des politischen Lebens in Deutschland ist.

Aber geht es hier wirklich noch um empathische, mitfühlende Erinnerung, die helfen soll, die barbarischen Verbrechen der NS-Zeit zu bewältigen – in dem Sinne, dass eine mit furchtbaren Untaten belastete Vergangenheit durch ungeschönte und ehrliche Aufklärung und Bewusstmachung aufgelöst und seelisch verarbeitet wird? Nur ein solches Vorgehen kann die Dämonen der Vergangenheit bannen, was aber auch voraussetzt, dass ohne ideologische Scheuklappen vergleichende Bezüge zu anderen monströsen Verbrechen in früherer Zeit und in der Gegenwart benannt werden. Es sei an Moshe Zuckermanns Wort erinnert, dass man der Opfer nur im Stande ihres Opfer-Seins gedenken kann.

Derselbe Autor hat Israel aber auch vorgeworfen, den Holocaust von Anfang an monopolistisch instrumentalisiert zu haben, indem es ihn zur Legitimierung seiner Staatlichkeit benutzte. Da Israel auch die Unterdrückung der Palästinenser und die fortwährenden Menschenrechtsverletzungen an diesem Volk mit der Berufung auf den Holocaust rechtfertigt und verteidigt (Stichwort: »Wir haben den Holocaust durchgemacht, uns ist deswegen alles erlaubt!«), wirft Zuckermann Israel Verrat am Andenken der historischen Opfer vor.[164] Da die deutsche Erinnerungspolitik mit der israelischen identisch ist, gilt der Vorwurf Zuckermanns auch für das deutsche Gedenken. Dieses würde nur aufrichtig der Opfer im Stande ihres Opferseins zweckfrei gedenken, wenn es sich von der instrumentalisierenden israelischen Bevormundung frei und unabhängig machen könnte.

Aber das deutsch-israelische »Erinnerungstheater« (so der deutsch-jüdische Publizist Max Czollek) wird weiter gespielt, auch in der Gedenkstätte Yad Vashem in Jerusalem. Kritische israelische Intellektuelle hinterfragen seit langem, was dort abläuft. Denn dorthin kommen inzwischen auch Politiker wie der ungarische Regierungschef Viktor Orbán und sein brasilianischer Amtskollege Jair Bolsonaro. Auch afrikanische Despoten und deutsche AFD-Politiker bekunden Anteilnahme. Den Anfang im Club dieser exklusiven Trauergäste hatte im April 1976 der südafrikanische Premierminister Baltasar John Vorster gemacht, Staatschef eines inhumanen Apartheidstaates und aktenkundiger Nazi-Sympathisant. Benjamin Beit-Hallahmi war entsetzt und empört, als er im Fernsehen sah, wie der israelische Außenminister seinen Gast in Yad Vashem herumführte.

Er schrieb über dieses makabre Schauspiel: »Ich hatte das unheimliche Gefühl, Zeuge einer Inszenierung zu sein, durch die das Unerhörte in Normalität verwandelt wurde. Das Schauspiel war in der Tat unerhört, aber es hatte etwas beeindruckend Wahres. Und dann begriff ich: Vorster in der Holocaust-Gedenkstätte! Was für eine Selbstdarstellung Israels!

Vielleicht zeigte unser Land hier sein wahres Gesicht. (…) So hätte keinem echten Filmregisseur, der nach einer exemplarischen antiisraelischen Einstellung gesucht hätte, etwas Besseres einfallen können.«[165]

Peter Novick prangerte auch schon 2001 die eigennützig-materiellen Absichten an, die Israel mit der Pflichtzeremonie in der Gedenkstätte verfolgt: »Viele Jahre war es offizielle israelische Politik, dass diplomatische Besucher im Land zuerst Yad Vashem einen Besuch abzustatten hatten – ein etwas plumper Gebrauch des nationalen Blutbads zum Zweck, für Israel Hilfe zu bekommen.«[166] Außerdem merkt er an, dass die in Yad Vashem gespeicherten Daten keineswegs »unverzichtbare historische Quellen« seien, wie behauptet wird. Er zitierte den Leiter der Gedenkstätte, der bekannte, dass die meisten der vom Archiv gesammelten 20.000 Zeugenaussagen unzuverlässig seien. Viele Überlebende seien nie an den Orten, an denen sie angeblich Gräueltaten erlebt hätten, gewesen, andere hätten sich bei ihren Aussagen auf Informationen aus zweiter Hand gestützt.[167]

Moshe Zuckermann bezeichnet das Gedenken in Yad Vashem als »Inszenierung« und fügt hinzu, dass der obligatorische Gang dorthin schon seit Jahren mit Shoa-Gedenken nichts mehr zu tun habe.[168] Und Avraham Burg äußert sich voller Sarkasmus über die Pflicht von Staatsgästen, die Gedenkstätte aufzusuchen: »Wir haben eine Gedenkstätte für alle Opfer, für uns alle, und sämtliche Besucher müssen kommen und mit uns trauern. Das ist ein Ritual der neuen israelischen Religion. Staatsgäste landen auf dem Ben-Gurion-Airport, fahren kurz ins Hotel, um sich frisch zu machen, einen schwarzen Anzug, eine Krawatte und vielleicht ein großes Samtkäppi wie ein Rabbiner oder ein Kardinal anzuziehen und werden dann nach Yad Vashem in Jerusalem gebracht. Ernste Miene, ein Blumenstrauß in der

Hand, gesenkter Kopf. Ein Kantor singt das Gebet für die Verstorbenen ›Gott voller Gnade‹. Drei Schritte rückwärts, dann steigen alle in ihre Limousinen und kommen zum Eigentlichen, zu Politik und Diplomatie. (...) Yad Vashem ist das Tor zum israelischen Erleben.«[169]

Für Avraham Burg ist Yad Vashem das größte Monument nationaler Ohnmacht, ein Denkmal der moralischen Taub- und Stumpfheit gegenüber anderen, die seit Jahrzehnten in der kollektiven Seele herrschten. Yad Vashem sei der Pfahl, an den Israel seine Gäste stelle, um ihnen die exklusiven Shoa-Werte einzutrichtern, so Burg. Er schlägt vor, diese Gedenkstätte in der bisherigen Form abzuschaffen und auf dem Gelände den Internationalen Strafgerichtshof für Verbrechen gegen die Menschheit anzusiedeln. Das alte Yad Vashem soll dann eine Gedenkstätte allen menschlichen Unrechts sein: »Es wird ein Ort sein, der die Potenz des Kampfes gegen Gewalt ausstrahlt, wo immer Gewalt herrscht.«[170] Burg erteilt also Israels partikularistisch-zionistischem Denken eine Absage und plädiert für eine universalistische Erinnerung.

In diesem Zusammenhang sei auch noch mal an das mahnende Plädoyer des israelischen Philosophen Yehuda Elkana erinnert, der dazu aufrief, den Holocaust zu vergessen, weil sein tiefes Eindringen in das israelische Bewusstsein die existenzielle Angst der Israelis fördere, sie unfriedlich mache und so für den Konflikt mit den Palästinensern maßgeblich verantwortlich sei. Die Sucht nach der Vergangenheit untergrabe zudem die Fundamente der Demokratie, auf die Gegenwart und Zukunft ausgerichtet sein müssten.

Elkana fragt: »Was tun wir, wenn wir Kinder Jahrzehnte lang mehrmals Yad Vashem besuchen lassen? Was sollen Kinder mit solchen Erfahrungen anfangen? Was bezweckt der ernste

Appell: ›Erinnert Euch!‹? Was soll ein Kind mit solchen Erinnerungen tun?« Viele der gezeigten Bilder dort würden zum Hass aufrufen. Es gelte, für das Leben einzutreten, die Zukunft zu gestalten und die Gegenwart nicht von der düsteren Lehre des Holocaust und ihren Symbolen bestimmen zu lassen.[171]

Die Holocaust-Erinnerung eignet sich nicht als moralisches Fundament der deutschen Nation. Die Toten dieses Mega-Verbrechens muss man aufrichtig betrauern und ihrer mit großem Respekt gedenken, aber sie können keine einheits- und identitätsstiftende Kraft für einen Staat sein – auch nicht für den Staat der Täter. Es bedarf anderer vitalerer, lebensfördernder und zukunftsorientierter demokratischer Symbole, die tragen können. Auf der Asche der Opfer lässt sich die Basis einer humanen Utopie nicht bauen, weil es bedeuten würde, einen Mythos und ein Sakrileg aus den Gemordeten zu machen. Das wäre ein Verrat an ihnen.

VI. Die Loyalität zu Israel oder: dessen Sicherheit als »deutsche Staatsräson« (Glaubenssatz 3)

Der frühere deutsche Bundeskanzler Helmut Schmidt (SPD) hat auf die Frage, was er zu der Äußerung von Angela Merkel meine, dass die Sicherheit Israels deutsche Staatsräson sei, geantwortet, die Bundeskanzlerin neige aus dem Bewusstsein heraus, mit der Verantwortung belastet zu sein, dass sich so ein Genozid niemals wiederholen dürfe, zu Übertreibungen. Für Israels Sicherheit mitverantwortlich zu sein, sei eine »gefühlsmäßig verständliche, aber törichte Auffassung, die sehr ernste Konsequenzen haben könnte«. Wenn es zum Beispiel zum Krieg zwischen Israel und dem Iran käme, dann hätten deutsche Soldaten nach dieser Auffassung mitzukämpfen.[172]

Absolute Solidarität mit Israel, die im Bekenntnis Angela Merkels zur Staatsräson für die Sicherheit Israels gipfelt, ist das Dogma, das die deutsche Nahost-Politik aller Bundesregierungen der letzten Jahrzehnte bestimmt. Daran ändert auch Helmut Schmidts kritischer Einwand nichts. Da wird immer wieder betont, dass beide Staaten auf besondere Weise durch die Erinnerung an den Holocaust miteinander verbunden sind, dass die Beziehungen »einzigartig« sind und einer »besonderen Verantwortung« unterliegen, dass Israels Existenzrecht und seine Sicherheit unverhandelbar sind.

Das sieht auch Israel so. In einem Interview vor dem Holocaust-Gedenktag am 27. Januar 2020 sagte der Präsident der Knesset Mickey Levy: »Der Gedenktag führt den Menschen die Zerbrechlichkeit einer demokratischen Lebensweise vor Augen. Lassen Sie sich von niemandem einreden, dass Ihre demokratischen Überzeugungen für schwierige Zeiten unzureichend sind. Und lassen Sie sich von schwierigen Zeiten nicht in Ihrem Engagement für die Verteidigung unserer freiheitlichen Demokratie untergraben.« Der Holocaust habe das Schicksal von Deutschland und Israel miteinander verbunden. Beide Staaten erfreuten sich heute eines einzigartigen Bündnisses, das im amoralischen Realismus der internationalen Beziehungen selten zu finden sei.[173]

Auch hier taucht also das Bekenntnis zu den gemeinsamen Werten auf. Als Bundeskanzlerin Merkel am 8. März 2008 anlässlich des 60. Jahrestages der israelischen Staatsgründung im israelischen Parlament in Jerusalem sprach, erwähnte sie acht Mal die »gemeinsamen Werte« Freiheit, Demokratie und Achtung der Menschenwürde, auf denen die gegenseitigen Beziehungen beruhten.[174] In solchen Reden wird dann pflichtschuldig hinzugefügt, dass man natürlich für die Zwei-Staaten-Lösung sei – dass es also neben dem demokratischen jüdischen Staat Israel auch einen unabhängigen demokratischen und lebensfähigen Staat Palästina geben soll. Widerspruch gegen dieses Solidaritätsdogma und ein Eintreten für palästinensische Interessen darf es nicht geben, sonst droht der Antisemitismus-Vorwurf.

Diese Haltung kommt auch in der Koalitionsvereinbarung der Ampel-Regierung aus SPD, Grünen und FDP im Jahr 2022 zum Ausdruck. Dort heißt es: »Die Sicherheit Israels ist für uns Staatsräson. Wir werden uns weiter für eine verhandelte Zweistaatenlösung auf der Grundlage der Grenzen von 1967 einsetzen. Die anhaltende Bedrohung des Staates Israel und den Terror gegen seine Bevölkerung verurteilen wir. Wir begrüßen die begonnene Normalisierung von Beziehungen zwischen weiteren arabischen Staaten und Israel. Wir machen uns stark gegen Versuche antisemitisch motivierter Verurteilungen Israels, auch in den VN (Vereinten Nationen). Einseitige Schritte erschweren Friedensbemühungen und müssen unterbleiben. Von der palästinensischen Seite erwarten wir Fortschritte bei Demokratie, Rechtstaatlichkeit und Menschenrechten. Dies gilt ebenso für den Verzicht auf jede Form von Gewalt gegen Israel. Wir fordern den Stopp des völkerrechtswidrigen Siedlungsbaus.«[175]

Dies ist ein Dokument der politischen Blindheit, Unaufrichtigkeit, um nicht zu sagen Verlogenheit. Von der Unterdrückung der Palästinenser durch Israel ist keine Rede. Das Wort Besatzung kommt gar nicht vor. Verurteilt wird die »terroristische« Gewalt der Palästinenser, ohne nach ihren Ursachen zu fragen. Israels gewaltsames Vorgehen gegen dieses Volk findet keine Erwähnung. Demokratie, Menschenrechte und Rechtsstaatlichkeit werden nur von der palästinensischen Seite gefordert. Solche Prinzipien und Werte können die Palästinenser aber nur in dem Maß realisieren und praktizieren, wie die zionistische Besatzungsmacht das zulässt. Der Beschluss enthält also viele realitätsfremde und völlig absurde Feststellungen und Forderungen – zum Beispiel die Zwei-Staaten-Lösung, die in der Realität nicht mehr möglich ist, weil Israel das Westjordanland längst fast vollständig in Besitz genommen und besiedelt hat. Für einen palästinensischen Staat gibt es also gar kein Territorium mehr.

Nun ist der Begriff Staatsräson schon äußerst problematisch. Die Politologen Klaus Schubert und seine Kollegin Martina Klein definieren ihn als ein Prinzip, das die Interessen des Staates über alle anderen (partikularistischen oder individuellen) Interessen stellt. Für eine Demokratie kann Staatsräson aber nur bedeuten, dass das Wohl des eigenen Staates im Vordergrund steht und nicht das eines fremden Staates.[176] Wenn Deutschland Israel Sicherheit als Staatsräson zusichert, dann ist das auch deshalb problematisch, weil sich die Sicherheitsbegriffe beider Staaten grundsätzlich unterscheiden.

Die israelische Historikerin Tamar Amar-Dahl definiert – wie oben schon angesprochen – Israels Verständnis von Sicherheit so: »Die Sicherheitsdoktrin [Israels] beruht auf der Abschreckung durch die militärische Überlegenheit Israels. Dass diese Doktrin die Eskalation in sich birgt und immer wieder die jeweiligen Konflikte verschärft, anstatt sie zu entschärfen, wie es die Abschreckung verspricht, ist offensichtlich.«[177]

In diesem Sinn muss man auch den zionistischen Friedensbegriff verstehen. Frieden bedeutet in dieser Ideologie, die militärische Kontrolle über Groß-Israel und dessen »Araber« aufrechtzuerhalten.[178] Sicherheit bedeutet also die Aufrechterhaltung der Besatzung mit militärischen Mitteln. Frieden mit friedlichen Mitteln ist für diesen Staat kaum denkbar. Viele israelische Autoren geben an, dass für das Land Krieg der Normalzustand sei. Etwa Beit-Hallahmi. Er schreibt: »Der Krieg ist für die Israelis nicht nur zum Lebensinhalt geworden, sondern zur Weltanschauung.«[179]

Zwei andere israelische Autoren müssen in diesem Zusammenhang erwähnt werden. So legt der israelische Militärhistoriker Zeev Maoz in seinem umfangreichen Werk *Defending the Holy Land* dar, dass Israel alle Kriege, die es geführt hat, selbst angefangen oder zu verantworten hat – nur bei dem Krieg 1948 zwischen Israel und den Arabern ist er sich nicht sicher.[180] Der israelische Soziologe Baruch Kimmerling von der Hebräischen Universität Jerusalem hat für das Vorgehen gegen die Palästinenser den Begriff *Politizid* geprägt und definiert ihn so: »Mit Politizid meine ich einen Prozess, an dessen Ziel das Ende der Existenz des palästinensischen Volkes als soziale, politische und wirtschaftliche Größe steht. Dieser Prozess kann auch eine teilweise oder vollständige ethnische Säuberung des ›Landes Israel‹ beinhalten. Diese Politik wird das Wesen der israelischen Gesellschaft unausweichlich zerstören und die moralische Basis des jüdischen Staates im Nahen Osten untergraben. So gesehen wird das Ergebnis ein doppelter Politizid sein – das Ende der Palästinenser, aber auf lange Sicht auch das Ende der jüdischen Gemeinschaft. Die wichtigsten Werkzeuge dafür [für den Politizid] sind Mord, lokal begrenzte Massaker, Eliminierung der Führung und der intellektuellen Elite, die physische Vernichtung der Infrastruktur und der Gebäude politischer Institutionen, Kolonisierung, künstlich erzeugte Hungersnöte, soziale und politische Isolation, Umerziehung und gebietsweise ethnische Säuberungen.«[181]

An anderer Stelle stellt Kimmerling fest, dass Konflikt und Krieg zu einem konstanten und konstitutiven Faktor der israelischen Ordnung und somit des israelischen Bewusstseins geworden seien. Die Grenzen zwischen Politik und Militär seien verflossen. Die Politik unterwerfe sich in der Regel dem Militär und dem ultimativen, nicht hinterfragbaren Argument der nationalen Sicherheit.[182]

Die Zusicherung einer Staatsräson für Sicherheit ist also eine sehr fragwürdige und problematische Angelegenheit bei einem so aggressiven Staat, der ein völlig anderes Verständnis von Sicherheit und Frieden hat. Aber es gibt noch andere Gründe, warum Deutschland Israel gegenüber nicht zu besonderer Loyalität verpflichtet sein kann. So ist kritikwürdig, dass dieses Verhältnis von Anfang an wenig mit Moral zu tun hatte, sondern diese Beziehung ihren »materiellen« Tauschwert besaß (»Materialisierung der Sühne«),[183] das heißt, Westdeutschland bezahlte nach 1949 viel Geld und lieferte Waffen, um wieder in die internationale Gemeinschaft aufgenommen zu werden.

Deutschland finanzierte also das zionistische Projekt, die Palästinenser spielten bei diesem Geschäft keine Rolle. Der damalige Bundeskanzler Konrad Adenauer begründete diese zweifelhafte »Versöhnungspolitik« mit der Aussage, dass die Macht der Juden in Amerika nicht zu unterschätzen sei.[184] (Nach den heutigen Kriterien der deutschen Israel-Ideologie ist das eine antisemitische Aussage.)

Bedenkenswert war die »Normalisierung« des Verhältnisses mit Israel auch aus dem Grund, weil Israel als Staat zur Zeit des Holocaust noch gar nicht existiert hatte, später weit entfernt von den Verbrechen errichtet wurde und auch nur einen Teil der Überlebenden zu seinen Bürgern zählte.[185] Konnte Israel überhaupt in diesem Zusammenhang für alle Juden sprechen, da die meisten Juden gar nicht in diesem Staat lebten und zudem die meisten Juden gar keine Zionisten waren und sich gegenüber Israel auch gar nicht verpflichtet fühlten?

Dazu kommt eine Schwierigkeit, die das deutsch-israelische Verhältnis schwer belastet, aber von der Politik gar nicht wahrgenommen wird, nämlich die Frage: welches Israel meinen deutsche Politiker überhaupt, wenn sie von diesem Staat sprechen? Den zionistischen Staat, der 1948 in seiner Unabhängigkeitserklärung allen seinen Bürgern – also auch den Palästinensern – gleiche Rechte zusicherte und sie dennoch bis heute diskriminiert? Den Besatzungs- und Apartheidstaat, der in den 1967 eroberten Gebieten (Westjordanland und Gazastreifen) fünf Millionen Menschen mit äußerster Gewalt unterdrückt und ihnen keinerlei bürgerliche und politische Rechte zugesteht? Oder den Staat der Holocaust-Überlebenden, der Israel behauptet zu sein, obwohl nur eine Minderheit im Land zu dieser Gruppe gehört und zudem noch von den Zionisten verächtlich behandelt wurde? Den Groß-Israel-Staat (Erez

Israel), der 74 Jahre nach seiner Gründung noch keine festen Grenzen hat? Den Staat, der seine Sicherheit ausschließlich auf militärische Gewalt aufbaut und jede Friedenslösung mit den Palästinensern ablehnt?

Offenbar imaginiert die deutsche Politik aus ihrem Schuldbewusstsein heraus ein ideales Israel, das es in der Realität gar nicht gibt. Es handelt sich um eine Projektion, und auf einer psychischen Konstruktion kann man sehr schwer ein »normales Verhältnis« aufbauen.

VII. Ist der Antisemitismus ein spezifisch deutsches Problem und keine Form des Rassismus? (Glaubenssatz 4)

Die Behauptung, der Antisemitismus sei ein Vorurteil und Ideologem *sui generis* und er sei ein spezifisch deutsches Phänomen gewesen, verwundert. Außerdem sollte er nicht mit Rassismus verwechselt werden, heißt es im *Katechismus*. Soll das bedeuten, dass der behaupteten Einzigartigkeit des Holocaust ein entsprechendes Äquivalent – der Antisemitismus als einzigartiges deutsches Phänomen – gegenübergestellt wird? Hier die Singularität des Holocaust, dort die Singularität des Antisemitismus, die ihn hervorbrachte?

Lagen dem Antisemitismus, der zu dem Mega-Verbrechen führte, keine rassistischen Motive zugrunde? Merkwürdige Argumente. Denn so gut wie alle Klassiker, die das Thema Antisemitismus behandelt haben, verstehen es im Rahmen des Rassismus. Genannt sei etwa Raul Hilberg, der das Standardwerk *Die Vernichtung der europäischen Juden* geschrieben hat.

Micha Brumlik sieht den modernen Antisemitismus als eine »biologistische Verschwörungstheorie«: »Im ›modernen‹ Antisemitismus wurden die Juden nicht mehr als gottesmörderische Glaubensgemeinschaft verstanden, sondern – vermeintlich wissenschaftlich – als eine biologische Rasse, deren Handeln nichts mehr mit Glaubensüberzeugungen zu tun hatte, sondern mit naturgesetzlich vorgegebenen Verhaltensweisen, weswegen sich die Antisemiten auch speziell gegen den Übertritt von Jüdinnen und Juden zum christlichen Glauben wandten. Als Motto dazu wurde in den damaligen Antisemiten-Vereinen die Parole verbreitet: ›Die Religion ist einerlei – im Blut liegt die Schweinerei.‹«[186]

In diesem Zusammenhang kommt auch der europäische Kolonialismus in Afrika ins Spiel. Denn der Rassebegriff des 20. Jahrhunderts beruht auf Ansichten, die die Europäer in Afrika entwickelten. Auch die Idee von der Ausrottung ganzer Rassen kam dort auf, etwa bei den Buren, die die Schwarzen nicht für Menschen hielten.[187] Der Zusammenhang mit den Nazis ist eindeutig: Die Eugeniker Theodor Mollison und Eugen Fischer nahmen ihre ersten Forschungen an Indigenen im deutschen Südwest-Afrika vor. Bei diesen beiden Anthropologen gingen dann später KZ-Ärzte wie Josef Mengele in die Schule.[188]

Warum der Antisemitismus ein typisch deutsches Phänomen sein soll, erschließt sich also nicht. Auch wenn dieser in Deutschland mit dem Holocaust seinen grausigen Höhepunkt erreichte, gab es auch in anderen Staaten Antisemitismus und seine Theoretiker. George L. Mosse hat sie in seinem Werk *Die Geschichte des Rassismus in Europa* ausführlich beschrieben, genauso wie Wolfgang Benz in seinem Buch *Was ist Antisemitismus?*[189] Auch wenn der Franzose Arthur Comte de Gobineau (1816–1882) kein direkter Antisemit war, schuf er mit der von ihm entwickelten Rassenlehre die Voraussetzungen für Antisemitismus, die etwa G. Vacher de Lapouge in Frankreich und Richard Wagner in Deutschland aufnahmen und weiterentwickelten. Auch England spielte in diesem Zusammenhang eine wichtige Rolle. Mit der Verwendung von Darwins Lehren, die selbst nicht rassistisch oder antisemitisch waren, und dem Aufkommen der eugenischen Bewegung leisteten die Engländer einen bedeutenden Beitrag zur Rassenideologie. Der Antisemitismus war also ein europäisches Phänomen, einen typisch deutschen Antisemitismus hat es nicht gegeben. Antisemitismus und Rassismus hängen eng zusammen.

VIII. Ist Antizionismus gleich Antisemitismus? (Glaubenssatz 5)

Würde man in Deutschland eine Umfrage durchführen mit der Frage, ob Israel, Judentum und Zionismus dasselbe seien, würde eine sehr große Mehrheit das vermutlich bejahen. Auch die jeweiligen Bundesregierungen und die Mainstream-Medien sehen das so – ob aus Nichtwissen oder politischer Berechnung sei dahingestellt. Denn würden sie diese Begriffe trennen, würden sie sich beträchtliche politische Probleme schaffen. Indem sie es aber nicht tun und die drei Begriffe als einheitlichen Mix beibehalten, verbauen sie sich einerseits ein angemessenes und realitätsbezogenes Verständnis des Judentums und der Nahost-Problematik andererseits. Denn hier geht es nicht um eine Begriffsspielerei, sondern um ein hoch brisantes politisches Ideologem.

Die Begriffe müssen also unbedingt getrennt werden. Das Judentum ist – wenn man es als Religion versteht – vielschichtig und besteht aus mehreren Richtungen. Der Zionismus ist dagegen eher monolithisch. Im Judentum gibt es – vereinfacht gesagt – das streng orthodoxe Judentum, das Reformjudentum, die Anhänger einer jüdischen Mystik (die Chassidim) und das nationalreligiöse Judentum in Israel. Der eher eindimensionale Zionismus war ursprünglich eine säkulare politische Bewegung und hatte nur ein Ziel, eine möglichst große Fläche Palästinas mit einer möglichst geringen Zahl von Palästinensern in Besitz zu nehmen, um darauf einen eigenen Staat zu gründen.

Es gibt also religiöse Richtungen im Judentum, der Zionismus ist aber eine politische Ideologie, und der Staat Israel ist die politische Realisierung dieser Ideologie. Da es im Judentum auch atheistisch eingestellte Juden gibt, kann man in diesem

Zusammenhang nicht von einer Religion sprechen, sondern man muss das Judentum als eine Kultur im weitesten Sinne definieren. Aus dem Gesagten ergibt sich also die Trennung der Begriffe: Antisemiten hassen Juden, weil sie Juden sind und sie bestimmte negative Eigenschaften auf sie projizieren. Im modernen Antisemitismus wurden und werden die Juden auch als »minderwertige Rasse« angesehen. Antizionisten dagegen kritisieren die Politik Israels gegenüber den Palästinensern, die in vieler Hinsicht das Völkerrecht und das internationale humanitäre Recht verletzt. Es ist ein großer Unterschied, ob man Menschen auf Grund angeblich angeborener rassischer Eigenschaften verleugnet und denunziert oder die Politik eines Staates kritisiert. Denn eine falsche oder ungerechte Politik eines Staates kann theoretisch zurückgenommen und korrigiert werden, eine rassistische Diskriminierung leugnet dagegen die Gleichwertigkeit aller Menschen.

Da vielen Israelis der Konflikt mit den Arabern/Palästinensern als Fortsetzung der NS-Vernichtungspolitik erscheint (siehe Kapitel I,7), und sie den arabischen Nachbarn deshalb Antizionismus vorwerfen, andererseits Europa sich vielen Israelis als Kontinent des Holocaust antisemitisch darstellt, werden Antisemitismus und Antizionismus in einen Topf geworfen, also nicht voneinander unterschieden. Die israelischen Regierungen benutzen den Antisemitismus-Vorwurf vor allem, um die berechtigte Kritik an ihrer Politik abzuwehren, wobei dann der Vorwurf des Antisemitismus zumeist nur noch wenig oder nichts mit dem realen Antisemitismus zu tun hat.[190] Dass die Araber zum Teil antizionistische Positionen vertreten, ist nach der siedlerkolonialistischen Politik und ihren Verheerungen im arabischen Raum durchaus verständlich, wobei die Araber dann oft in aus Europa übernommene antisemitische Stereotypen verfallen, was wiederum zu verurteilen ist. Denn der Antisemitismus kommt aus Europa, in der arabisch-islamischen Welt hat es keine vergleichbare Tradition des Antisemitismus gegeben.

Die Gleichsetzung der Begriffe Israel, Judentum und Zionismus spielt in der deutschen Politik eine wichtige Rolle. Denn die Abwehr der Kritik an Israels Politik, die mit Antisemitismus gleichgesetzt wird, ist mit die Hauptaufgabe der amtlichen Wächter über den Antisemitismus. Die Medien unterwerfen sich diesem Gebot mehr oder weniger freiwillig. So wird auch die Art und Weise, wie Israel den Antisemitismus für seine Zwecke instrumentalisiert, im deutschen Diskurs überhaupt nicht angesprochen. Es ist ein Tabuthema. Jüdische Intellektuelle kennen dieses Tabu aber nicht.

Diese Behauptung soll an zwei Beispielen demonstriert werden. So warf der britisch-amerikanische Historiker Tony Judt der Politik der israelischen Regierungen in den letzten Jahren vor, für die weit verbreiteten antijüdischen Gefühle in Europa und anderswo verantwortlich zu sein, also Antisemitismus hervorgerufen zu haben. Der Grund für diese »Absurdität« und »tragische Logik« ist für Judt: Die Zionisten hätten immer darauf bestanden, dass es keinen Unterschied zwischen dem jüdischen Volk und dem jüdischen Staat gebe. Israel gebe vor, für alle Juden der Welt zu sprechen und biete ihnen die Staatsbürgerschaft an. So könne die israelische Regierung kaum überrascht sein, wenn ihre Politik Rückwirkungen provoziere und zwar gegen Juden.

Judt beschreibt die Folgen: »So hat Israel selbst erheblich zum Wiederaufleben des Antisemitismus beigetragen. (…) Das ist ein Ergebnis, mit dem viele israelische Politiker keineswegs unglücklich sind: Es rechtfertigt ihr eigenes schlechtes Verhalten im Nachhinein – und trägt dazu bei, dass, wie sie stolz feststellen, die Zahl der europäischen Juden, die nach Israel einwandern, ansteigt.«[191]

Die deutlichste Aussage, wie sehr Israel den Antisemitismus als Mittel zur Durchsetzung seiner Politik instrumentalisiert – wohl wissend, dass die meisten Staaten der Welt dies als Tabu begreifen und nicht darauf eingehen – hat der israelische Historiker Daniel Blatman gemacht, der mit dem Schwerpunkt Holocaust-Forschung an der Hebräischen Universität von Jerusalem arbeitet. Er hat den Begriff des *funktionalen Antisemitismus* geprägt. In einem Aufsatz geht er von dem Beschluss des deutschen Bundestages zu BDS aus, um dann zur Definition seines Antisemitismus-Begriffs zu kommen:

»Fast alle Mitglieder des Bundestages – Sozialdemokraten, Freie Demokraten und Grüne – haben 2019 für einen Beschluss gestimmt, der die BDS-Bewegung als antisemitisch definiert. Nach dieser umfassenden Entscheidung ist Deutschland zu einem führenden Mitglied der Koalition der ›Verzerrer des Antisemitismus‹ geworden. Zu den Mitgliedern gehören Persönlichkeiten wie Viktor Orbán aus Ungarn, Matteo Salvini aus Italien und Heinz-Christian Strache aus Österreich. Alle sind Liebhaber Israels, ernsthafte Rassisten und, wenn nötig, auch Antisemiten. So wurde aus einem Land, in dem der Antisemitismus ein politisches Instrument war, das zum Aufstieg des mörderischen Unternehmens der Nazis beitrug, ein Land, das die Verzerrung des Antisemitismus als Instrument zur Erleichterung der politischen Verfolgung einer gewaltfreien Bewegung, die die Besatzung, die Unterdrückung der Palästinenser und die Kriegsverbrechen, die Israel in den Gebieten begeht, fördert.

Deutschland ist insofern einzigartig, als der Druck der israelischen Regierung die politische Stimmung so weit beeinflusst hat, dass dort mit Unterstützung einiger jüdischer Ortsgruppen eine Hexenjagd ausgebrochen ist. (...) Mehrere Holocaust-Forscher in Israel und im Ausland haben in jüngster Zeit auf die Gefahr einer so genannten ›Holocaust-Verzerrung‹ hingewiesen. Keine Verleugnung, sondern Verzerrung. Aus ihrer Sicht leugnet der heute an mehreren Orten in Europa aufkommende Trend, insbesondere bei rechtsextremen populistischen Parteien, den Holocaust nicht, sondern verdreht seine Ereignisse oder Bedeutung, um sie an seine nationalen historischen Narrative anzupassen und das jeweilige kollektive Gedächtnis, das sie fördern, zu gestalten.«

Blatman stellt dann den Unterschied zwischen dem traditionellen Antisemitismus und dem *funktionalen Antisemitismus* heraus. »Der traditionelle, vertraute Antisemitismus war gekennzeichnet durch eine vielfältige Feindseligkeit gegenüber Juden und Judentum, die Dämonisierung der Juden, die Beschäftigung mit ihren kollektiven Eigenschaften und ihren Geschäftsbeziehungen sowie Mythen und Stereotypen, die den Juden als den inkarnierten Teufel darstellten. Der neue Antisemitismus der heutigen europäischen nationalistischen Populisten – deren Definitionen Deutschland übernommen hat – könnte als *funktionaler Antisemitismus* definiert werden. Es basiert auf dem Prinzip, dass jeder, den bestimmte Juden als antisemitisch definieren wollen, als solcher definiert wird.

Mit anderen Worten, es handelt sich nicht mehr um einen Antisemitismus, der zwischen Juden und Nichtjuden nach Kriterien wie Religion, Kultur, Nationalität oder Rasse unterscheidet, sondern um einen, der zwischen Antisemiten und Nicht-Antisemiten unterscheidet, nach Kriterien, die von der israelischen Regierung und von Juden und Nichtjuden, die ihn unterstützen, in Deutschland und anderen Ländern aufgestellt werden.

Was hier geschieht, ist nicht weniger als eine historische Revolution im Verständnis des Antisemitismus: Antisemitische Deutsche definieren nicht mehr, wer ein Jude ist, der aus der Gesellschaft verbannt werden muss, sondern bestimmte Juden definieren, wer ein Antisemit oder ein Philo-Semit ist, und die Deutschen nehmen ihre Meinung an. *Funktionaler Antisemitismus* definiert Juden und Nichtjuden gleichermaßen als Antisemiten, basierend auf einer Reihe von Spezifikationen und Eigenschaften, die dem aktuellen Nationalismus Israels entsprechen.«[192]

Hinter der Gleichsetzung von Antisemitismus und Antizionismus steckt also eine wohl bedachte politische Strategie, die aber natürlich nicht öffentlich, weil tabuisiert, debattiert werden darf. Der ständig propagierte Kampf gegen den Antisemitismus und Antizionismus wird aber zum absurden Schattenboxen, wenn Israel gar kein Interesse an der Bekämpfung des Antisemitismus hat, sondern ihn sogar fördert, weil es von ihm beträchtlich profitiert.

IX. Warum die deutsche Erinnerungspolitik gescheitert ist

1. Partikulare Holocaust-Erinnerung kontra universalistisches Gedenken

Das Erinnern des Holocaust in Israel war von Anfang an problematisch, da das Gedenken nie in reiner, zweckfreier universaler Art und Weise allein um der Opfer willen stattgefunden hat, sondern zionistisch partikular instrumentalisiert worden ist.[193] Zudem beansprucht Israel das Monopol auf das Gedenken. Der Holocaust musste als Legitimationsideologie für die Gründung und Existenz eines jüdischen Staates herhalten und wurde dann auch für die Rechtfertigung der verschiedensten Interessen – ökonomische, politische, kulturelle – eingesetzt, sogar zur Absolution für die Gewalttaten an den Palästinensern. Das Erinnern löste sich zunehmend von dem eigentlich zu Grunde liegenden Ereignis – dem Holocaust –, wurde zum Mythos und schließlich zu einer »versteinerten Ideologie«[194] – mit Yad Vashem als zentralem Tempel.

»Versteinerte« das israelische Erinnern an den Holocaust einerseits, wie Moshe Zuckermann schreibt, ist dieser Staat auf der anderen Seite nicht bereit, seine eigene Geschichte aufzuarbeiten. So wird die Nakba, die Vertreibung von 800.000 Palästinensern, bis heute staatsoffiziell geleugnet und verdrängt, obwohl gerade israelische Historiker sie größtenteils schon erforscht haben. Der Grund für diese Verdrängung ist eindeutig: Ein Publikwerden dieser Verbrechen mit schrecklichen Massakern würde dem ganzen zionistischen Projekt moralisch den Boden entziehen.

In Deutschland war das Erinnern an den Holocaust immer eng an den Gedanken der Sühne und das Streben nach Wiedergutmachung gebunden. Man war und ist bestrebt, durch eine Überidentifizierung mit Juden (Philosemitismus) Entlastung von der historischen Schuld und so eine Normalisierung zu erlangen. Eine unverbrüchliche Solidarität mit Israel musste deswegen eingegangen werden, was aber nicht nur bedeutet, dass man sich mit der entscheidenden Grundlage dieses Staates – dem Zionismus – identifiziert und ihn mit Judentum gleichsetzt, sondern auch das partikulare und einseitig ideologische Gedenkmuster Israels übernimmt.

Das symbiotische Bündnis mit Israel hat aber einen hohen Preis. Denn Deutschland sichert damit die Existenzgrundlage des zionistischen Staates: die brutale Herrschaft über ein anderes Volk. Israel erfüllt so gut wie alle Kriterien des Siedlerkolonialismus, negiert und verachtet das internationale Völkerrecht sowie die Menschenrechte und versucht sie in seinem Sinne abzuändern. Zwei israelische Menschenrechtsorganisationen – *Betselem* und *Breaking the Silence* – sowie *Human Rights Watch, Amnesty International* sowie mehrere UNO-Ausschüsse haben inzwischen erklärt, dass Israel ein Apartheidstaat ist. Auch der langjährige Generalstaatsanwalt Israels, Michael Benyair, spricht inzwischen von einem Apartheidstaat.[195] Das heißt, dieser Staat »begeht unmenschliche Handlungen zu dem Zweck, die Herrschaft einer rassischen Gruppe über eine andere rassische Gruppe zu errichten und aufrechtzuerhalten und diese systematisch zu unterdrücken.«[196] Apartheid ist kein Kampfbegriff, es ist ein »Verbrechen gegen die Menschheit«.[197]

Die deutsche Israel-Politik und damit auch das deutsche Erinnern machen sich so zum Verbündeten einer kolonialistischen Expansions- und Unterdrückungspolitik. Indem deutsche

Regierungen vorgeben, einen Beitrag zur Sicherheit des angeblich bedrohten Israel zu leisten, sichern sie in Wirklichkeit das zionistische Herrschaftssystem über ein anderes Volk. Da man ein solches Herrschaftssystem nicht billigen kann, sondern völkerrechtlich und moralisch verurteilen muss, wird die reale Situation in Israel/Palästina von der deutschen politischen Elite gar nicht oder sehr verzerrt wahrgenommen. Siedlerkolonialismus, Besatzung, ethnische Säuberungen, Judaisierungspolitik und die Apartheid des zionistischen Staates werden negiert und ihre Benennung und Verurteilung in der Regel mit dem Antisemitismus-Vorwurf beantwortet. Dass das deutsche Holocaust-Gedenken in seiner engen Anlehnung an das zionistische Erinnern so eine völlige Schieflage bekommt und mit dem universalistischen Erinnern nichts zu tun hat, dem Deutschland eigentlich verpflichtet wäre, liegt auf der Hand.

Es bleibt deshalb bis heute ein Rätsel, wie Bundeskanzlerin Merkel im März 2008 vor der Knesset acht Mal versichern konnte, dass man mit Israel dieselben politischen Werte teile. Mit Blick auf die Situation der Palästinenser im israelischen Herrschaftsbereich war diese Rede unpassend und unangebracht bis zur Peinlichkeit. Nicht besser machte es Bundespräsident Frank-Walter Steinmeier mit einer Rede am 23. Januar 2020 in der Holocaust-Gedenkstätte Yad Vashem in Jerusalem anlässlich des 75. Jahrestages der Befreiung des Vernichtungslagers Auschwitz. Zu dieser Veranstaltung waren Regierungschefs aus der ganzen Welt angereist. Steinmeier begann und beendete seine Rede mit dem Satz »Gepriesen sei der Herr, (…) dass er mich heute hier sein lässt.« Ganz offensichtlich war dies, da in Jerusalem ausgesprochen, ein Bekenntnis zum Judentum. Das ist merkwürdig, da Israel doch eigentlich ein säkularer Staat ist. Er nannte dann einige Namen als Beispiele für viele andere von

Juden/Jüdinnen, die in Auschwitz ermordet worden sind, und erinnerte daran, dass es Deutsche waren, die diese Menschen entmenschlicht und zu Nummern gemacht hätten, um jede Erinnerung an sie auszulöschen.

Er führte diesen Gedanken dann weiter aus und wiederholte, dass es Deutsche waren, die den Holocaust – das »größte Verbrechen der Menschheitsgeschichte« – begangen hätten, bei dem sechs Millionen Juden und Jüdinnen dem »industriellen Massenmord« zum Opfer gefallen seien. Steinmeier sprach dann von der »deutschen Schuld«, und wie dankbar er für die ausgestreckte Hand Israels zur Versöhnung mit Deutschland sei. Der Geist der Versöhnung habe Deutschland und Israel, aber auch Deutschland, Europa und den Staaten der Welt einen neuen friedlichen Weg gewiesen.

Steinmeier sagte dann wörtlich: »Weil ich dankbar bin für das Wunder der Versöhnung, stehe ich vor Ihnen und wünschte sagen zu können: Unser Erinnern hat uns gegen das Böse immun gemacht. Ja, wir Deutsche erinnern uns. Aber manchmal scheint es mir, als verstünden wir die Vergangenheit besser als die Gegenwart. Die bösen Geister zeigen sich heute in neuem Gewand. Mehr noch: Sie präsentieren ihr antisemitisches, ihr völkisches, ihr autoritäres Denken als Antwort für die Zukunft, als neue Lösung für die Probleme unserer Zeit. Ich wünschte sagen zu können: Wir Deutsche haben für immer aus der Geschichte gelernt.«

Der Bundespräsident führte dann aus, was er unter dem gegenwärtigen Bösen versteht und was er als Belege dafür ansieht, dass alle Deutschen eben doch nicht die richtigen Lehren aus der Geschichte gezogen hätten. In diesem Zusammenhang führte er antisemitischen Hass und Hetze gegen Juden und Jüdinnen an, nannte als Beispiel Mobbing jüdischer Kinder an deutschen Schulen und das Attentat auf die Synagoge in Halle. Als Beispiel für Nicht-Lernen aus der Geschichte bezeichnete er dann auch Kritik an Israel, »wenn unter dem Deckmantel angeblicher Kritik an der israelischen Politik kruder Antisemitismus hervorbricht«.

Er sagte dann bezogen auf Antisemiten und rechtsradikale Täter: »Natürlich, unsere Zeit ist nicht dieselbe Zeit. Es sind nicht dieselben Worte. Es sind nicht dieselben Täter. Aber es ist dasselbe Böse. Und es bleibt die eine Antwort: Nie wieder! Deshalb darf es keinen Schlussstrich unter das Erinnern geben. Diese Verantwortung ist der Bundesrepublik Deutschland vom ersten Tage an eingeschrieben. Aber sie prüft uns – hier und heute! Dieses Deutschland wird sich selbst nur dann gerecht, wenn es seiner historischen Verantwortung gerecht wird: Wir bekämpfen den Antisemitismus! Wir trotzen dem Gift des Nationalismus! Wir schützen jüdisches Leben! Wir stehen an der Seite Israels! Dieses Versprechen erneuere ich hier in Yad Vashem vor den Augen der Welt. Und ich weiß, ich bin nicht allein. Hier in Yad Vashem sagen wir heute gemeinsam: Nein zu Judenhass! Nein zu Menschenhass!«[198]

Nun kann man den moralischen Impetus dieser Rede *in toto* natürlich nicht leugnen, aber sie zeigt eben nicht die universalistische, sondern die ausschließlich auf die partikularen Interessen Israels ausgerichtete Aufarbeitung des Holocaust auf. Die israelischen Juden sagen »Das darf *uns Juden* nie wieder passieren!«, die universalistische Schlussfolgerung aus dem Holocaust lautet »Das darf *keinem Menschen* auf dieser Welt noch einmal passieren!« Niemand hat diesen Unterschied in einem Voraus-Artikel zu der Veranstaltung in Yad Vashem besser herausgearbeitet als der israelische Journalist Gideon Levy von der Tageszeitung *Haaretz*.

Levy betont, wie wichtig es sei, an die Vergangenheit zu erinnern, dabei dürfe man aber die Augen nicht vor der Gegenwart verschließen. Genau das wirft er aber den in Yad Vashem versammelten Regierungschefs – also auch Steinmeier – vor. Mit ihrem Schweigen, mit ihrer Missachtung der gegenwärtigen Realität und dem bedingungslosen Bekenntnis zu Israel würden sie die Erinnerung an die Vergangenheit verraten, in deren Namen sie nach Jerusalem gekommen seien. Wie könnten sie Gäste Israels sein, ohne die Verbrechen dieses Staates zu erwähnen; des Holocaust zu gedenken und gleichzeitig seine Lehren zu ignorieren; Jerusalem zu besuchen, ohne am internationalen Holocaust-Gedenktag in das Ghetto von Gaza zu reisen – könne man sich eine größere Heuchelei vorstellen? Es sei bedauerlich, dass die Regierungschefs es überhaupt nicht zur Kenntnis nähmen, was die Opfer des Holocaust einer anderen Nation zufügten.

Levy kritisiert dann, dass der israelische Regierungschef Benjamin Netanjahu ausgerechnet zum Zeitpunkt des Holocaust-Gedenktages Sanktionen gegen den Internationalen Strafgerichtshof (IStGH) in Den Haag gefordert habe, weil dieser die Verbrechen Israels gegen die Palästinenser untersuchen wolle. Es muss in diesem Zusammenhang erwähnt werden, dass der IStGH der Nachfolger der Gerichte ist, die zur Aburteilung der Verbrechen des Zweiten Weltkrieges – einschließlich des Holocaust – eingerichtet wurden.

Levy fährt dann fort: »An diesem Gedenktag kommen führende Politiker der Welt zu einem Premierminister, der versucht, sie gegen den Gerichtshof in Den Haag aufzuhetzen. Es ist kaum vorstellbar, dass der Holocaust noch schlimmer genutzt wird, es ist kaum vorstellbar, dass ein größerer Verrat an seinem Andenken begangen wird als der Versuch, das Gericht in Den Haag zu untergraben, nur weil es seine Rolle erfüllen und Jerusalems Politik untersuchen will. Auch zu diesem Thema werden die Gäste ihr Schweigen bewahren. Einige von ihnen werden sich vielleicht davon überzeugen lassen, dass das Problem in Den Haag und nicht in Jerusalem liegt. Sanktionen gegen den Gerichtshof statt gegen den Besatzungsstaat. Man darf natürlich nie den Holocaust vergessen. Man darf auch nicht die Tatsache verschleiern, dass er sich gegen das jüdische Volk gerichtet hat. Aber genau aus diesem Grund darf man das Verhalten seiner Opfer [der Juden] gegenüber den sekundären Opfern des Holocaust, dem palästinensischen Volk, nicht ignorieren. Ohne den Holocaust hätten sie [die Palästinenser] ihr Land nicht verloren und wären heute nicht in einem gigantischen Konzentrationslager in Gaza gefangen oder würden unter einer brutalen militärischen Besatzung im Westjordanland leben.«

Levy geht dann auf den im Zusammenhang mit dem Holocaust immer wieder »bis zum Erbrechen« zitierten Appell des »Nie wieder!« ein und fordert die in Yad Vashem versammelte politische Prominenz auf, ehrlich die Augen nach Süden und Osten zu richten, nur wenige Kilometer von Yad Vashem entfernt: »Dort gibt es keinen Holocaust, nur Apartheid. Keine Vernichtung, sondern eine systematische Verrohung einer Nation. Nicht Auschwitz, sondern Gaza. Wie kann man das am Internationalen Holocaust-Gedenktag ignorieren? Es ist schwer zu glauben, dass es nicht einmal einem Weltführer in den Sinn gekommen ist, der wegen der Zeremonie nach Jerusalem kam, nach Gaza zu reisen. Wenn einer von ihnen den Mut dazu hätte, würde er oder sie das Gedenken an den Holocaust nicht weniger ehren als mit einem Besuch in Yad Vashem. Es gibt nicht viele Orte auf der Welt, an denen die Worte ›nie wieder!‹ so nachhallen sollten wie in den Grenzen dieses riesigen Ghettos, das durch den Staat der Holocaust-Überlebenden entstanden ist. Nicht nach Gaza zu gehen und zu sehen, was dort geschieht? Sich nicht mit dem Schicksal von zwei Millionen Menschen zu identifizieren, die seit 14 Jahren in einem Konzentrationslager, eine Stunde von Jerusalem entfernt, eingesperrt sind? Wie ist das möglich? Nicht in Gaza ›nie wieder!‹ zu weinen? Wie kann man das nicht?«

Levy schließt dann: »Man musste heute nach Israel kommen, um die Welt an den Holocaust zu erinnern, aber auch an das Schweigen. Gegen dieses Schweigen sollte man aufschreien: ›Nie wieder!‹ Der Holocaust darf sich nie wiederholen, aber das peinliche Schweigen dauert an, auch an diesem Gedenktag in Jerusalem.«[199]

Es ist aufschlussreich, dass im deutschen Gedenken die Palästinenser keinen Platz haben. Denn schließlich ist ihre unerträgliche Lage auch eine Folge der verbrecherischen NS-Politik. Denn ohne den Holocaust gäbe es aller Wahrscheinlichkeit nach den Staat Israel nicht in der heutigen Form, und dieser Staat beruht auf der Unterwerfung und Unterdrückung der Palästinenser. Aber aus Angst anzuerkennen, dass Juden zu Tätern geworden sind, schweigt die deutsche Erinnerung zu diesem dunklen Kapitel des zionistischen Staates. Auch Bundespräsident Steinmeier erwähnte es mit keinem Wort und musste sich erst von einem couragierten Juden darauf hinweisen lassen.

2. Ein neuer McCarthyismus und die Gefährdung der Demokratie

Ein angemessenes universelles Holocaustgedenken, das das wesenhaft zu Erinnernde in den Mittelpunkt gestellt hätte, wäre nicht umhingekommen, das Diktum Adornos zu erfüllen, alles zu tun, auf »dass Auschwitz sich nicht wiederhole«.[200] Das müsste bedeuten, erstens alles zu tun, den Holocaust in allen seinen historischen, politischen und kulturellen Aspekten – auch durch Vergleiche mit anderen Genoziden – zu verstehen und zweitens gesellschaftliche Strukturen zu schaffen, die die Reste der alten Strukturen, die Auschwitz erst möglich gemacht haben, beseitigen und neue bzw. andere Strukturen hervorzubringen, die eine Wiederholung des genozidalen Geschehens ausschließen.

Statt die Entwicklung in diese Richtung zu lenken, haben die deutsche politische Elite und die Mainstreammedien das Gedenken fetischisiert, routinisiert und zu einer Ideologie ausgebaut, die den Inhalt des *Katechismus* gebetsmühlenartig wiederholt, ohne dabei noch echte Anteilnahme und Empathie erzeugen zu können. Nicht das Gedenken an sich steht also in der Kritik, sondern seine staatliche Instrumentalisierung zu fremdbestimmten Zwecken, die wegen ihrer Überidentifizierung mit Israel und der Übernahme von dessen allein seinen nationalen Interessen dienendem *funktionalem Antisemitismus* für verheerende Folgen in Deutschland sorgt. Die Akteure in Politik und den Medien maßen sich an zu bestimmen, wie legitime Holocaust-Erinnerung auszusehen hat und wer sie verkörpert.[201]

Was diese Akteure geschaffen haben, ist ein Klima der Angst, des Misstrauens und der Denunziation, das die Öffentlichkeit weitgehend beherrscht. Der deutsch-jüdische Intellektuelle Micha Brumlik hat für dieses bedrückende politische und kulturelle Klima den Begriff des McCarthyismus wiederbelebt.[202] Der Begriff wurde am Beginn der 1950er Jahre von dem amerikanischen Senator Joseph Raymund McCarthy geprägt und beschreibt die Jagd auf Kommunisten oder Menschen, die man dafür hielt. Dabei wurden die hysterischen Ängste der

Bevölkerung ausgenutzt, um Unschuldige oder relativ harmlose Andersdenkende zu verfolgen. Der Begriff McCarthyismus wird assoziiert mit Verschwörungstheorien und einer Herrschaft des Terrors.[203]

Es ist aufschlussreich, dass gerade Juden gegen diese neue Form des Illiberalismus in Deutschland vorgehen. Geradezu prophetisch hatte die jüdisch-amerikanische Philosophin Judith Butler schon 2004 vor solch illiberalen und demokratiefeindlichen Tendenzen im Zusammenhang mit Antisemitismus gewarnt: »Wenn man einen Einwand gegen Gewalt, die vom israelischen Staat verübt wird, nicht aussprechen kann, ohne den Vorwurf des Antisemitismus auf sich zu ziehen, dann dient der Vorwurf dazu, den öffentlich akzeptablen Bereich der Rede einzugrenzen. Er dient auch dazu, die Gewalt Israels gegen Kritik zu immunisieren, indem er es ablehnt, die Integrität der Ansprüche gutzuheißen, die gegen diese Gewalt geltend gemacht werden. Man wird mit dem Etikett ›antisemitisch‹ in derselben Weise bedroht, wie es einem in den USA das Etikett ›Verräter‹ oder ›Sympathisant von Terroristen‹ oder auch ›verräterisch‹ einträgt, wenn man die jüngst geführten Kriege [gegen den Terror] ablehnt.«

Diese Drohungen hätten tief greifende psychologische Folgen, fährt Judith Butler fort, denn ihr Ziel sei es, das politische Verhalten zu steuern, indem sie den Individuen unerträgliche, stigmatisierte Formen der Identifikation aufzwängen, mit denen sich die meisten Menschen um keinen Preis identifizierten wollten. Da sie eine solche Identifizierung fürchteten, wagen sie es nicht, ihre Meinung deutlich auszusprechen. Judith Butler ruft dazu auf, diese Drohungen und Stigmatisierungen auszustehen und ihnen Widerstand entgegenzusetzen, da sonst die politische Rede mundtot gemacht werde.[204]

In geradezu klassischer Weise hat Moshe Zuckermann das Vorgehen der Antisemitismus-Jäger und McCarthyisten im gegenwärtigen Deutschland beschrieben: »Kaum noch zur Sprache kommt nämlich, was es damit auf sich hat, dass der Antisemitismus-Vorwurf inzwischen selbst zum Fetisch geronnen ist, die Sachwalter des Antisemitismus-Vorwurfs sich (nach alter deutscher Tradition) wie scharfrichterliche Gesinnungspolizisten gerieren, und der real grassierende Antisemitismus sich an der Tendenz delektieren darf, dass alles, was sich kontingent anbietet, so sehr dem Antisemitismus-Vorwurf unterstellt wird, dass der wirklich zu bekämpfende Antisemitismus sich hinter der Verwässerung des Begriffs und seiner zunehmenden Entleerung konsensuell verstecken kann. Vor lauter Antisemitismus-Jagd ist inzwischen jeder und jede im deutschen öffentlichen und halböffentlichen Raum tendenziell dem drohenden Vorwurf ausgesetzt, manifest oder latent antisemitisch zu sein, wobei die keulenartige Drohgebärde mittlerweile so wirkmächtig geworden ist, dass viele in eingeschüchtert-vorauseilender Unterwerfung die perfiden Regeln des Katz- und Mausspiels verinnerlicht haben und ihnen nichts dringlicher erscheint, als dem Vorwurf dessen, was ihnen gar nicht in den Sinn gekommen war, entkommen zu sollen.«

Und weiter: »Das In-Abrede-Stellen des Vorgeworfenen nützt nichts, wird mithin im günstigen Fall belächelt, im gängigeren aber als ein umso evidenterer Beweis für den unbewussten Antisemitismus des sich des Vorwurfs Erwehrenden gedeutet (und lauthals verkündet). Die Aura ahnungsvollen Wissens um das, was dem ignoranten Beschuldigten verborgen bleiben muss, umgibt jene, die sich schon mal in der Bezeichnung ›hauptamtliche Antisemitismusjäger‹ gefallen, wobei sie inzwischen – auch das hat deutsche Tradition – nicht nur dezidiert zu bestimmen wissen, wer (annehmbarer) Jude, sondern gleich auch, wer unweigerlicher Antisemit sei.«[205]

Die Perfidie des Antisemitismus-Verdachts macht inzwischen auch vor dem Vorwurf der Kontakt-Schuld nicht mehr Halt – ein »Rechts«-mittel, das aus dem Unrechtsreservoir finsterer Diktaturen stammt und in Gesellschaften mit hoher Kommunikationsdichte besonders infam ist.

3. BDS: Wenn Palästinenser für Menschenrechte und Selbstbestimmung eintreten, ist das »antisemitisch«

Wie sehr das politische und kulturelle Klima in Deutschland und damit auch die Erinnerungspolitik belastet sind, zeigte die Auseinandersetzung um BDS. Die Palästinenser befinden sich in einer so gut wie aussichtslosen Lage. Wenn sie sich gegen ihren zionistischen Besatzer mit Gewalt wehren (was sie nach dem Völkerrecht dürfen, wenn dabei keine Zivilisten zu Schaden kommen), sind sie in den Augen Israels und der Welt »Terroristen«. Versuchen sie aber mit friedlichen Mitteln, das Ende der Okkupation und ihre politische Selbstbestimmung zu erreichen – wie eben mit BDS –, dann sind sie »Antisemiten«. Mit anderen Worten: Sie können tun, was sie wollen, sie stehen immer auf der falschen Seite. Sie sind die absoluten Verlierer in der Völkerfamilie, obwohl sie das internationale Recht und auch die Menschenrechtscharta der Vereinten Nationen auf ihrer Seite haben.

Was ist BDS? Am 9. Juli 2005 sind 170 Organisationen der palästinensischen Zivilgesellschaft mit einem Appell an die Öffentlichkeit getreten, der zu Boykott, Investitionsentzug (Deinvestment) und Sanktionen nach dem in Südafrika erfolgreichen Vorbild aufruft, um gegen Israel die Einhaltung des internationalen Rechts und der universellen Prinzipien der Menschenrechte durchzusetzen. Die Initiatoren appellieren an alle Staaten, Organisationen und rechtschaffenen Menschen der ganzen Welt, diese gewaltlosen Strafmaßnahmen – Embargos und Sanktionen – solange durchzuführen und aufrechtzuerhalten, bis Israel seiner Verpflichtung nachkommt, die Besatzung zu beenden und den Palästinensern das unveräußerliche Recht auf Selbstbestimmung zuzugestehen. Im Einzelnen fordert die BDS-Kampagne:

- die Besetzung und Kolonisation allen arabischen Landes zu beenden und die Mauer abzureißen [mit »arabischem Land« sind ganz offensichtlich die von Israel besetzten Gebiete gemeint];
- das Grundrecht der arabisch-palästinensischen Bevölkerung Israels auf völlige Gleichheit anzuerkennen;
- die Rechte der palästinensischen Flüchtlinge, in ihre Heimat und zu ihrem Eigentum zurückzukehren, wie es in der UNO-Resolution 194 von 1948 vereinbart wurde, zu schützen und zu fördern.

Die meisten Völkerrechtler argumentierten, dass diese Initiative nichts anderes als die Einhaltung der europäischen Rechtsordnung und des Völkerrechts fordert und dass Boykott zur Befreiung der besetzten Gebiete ein legitimes Mittel ist, zumal BDS eine von unten aus der Bevölkerung organisierte Bewegung darstellt, die keinen direkten Zwang ausübt, sondern durch gesellschaftliche Aktion Druck ausüben will. Israel selbst setzt zum Beispiel mit seinem totalen Embargo über den Gazastreifen eine viel schärfere Form des Druckes und Zwanges ein, die die dortige Bevölkerung an den Rand des Elends bringt.

Der BDS-Aufruf und die sich daraus entwickelnden Aktivitäten von Unterstützern und NGOs führten in der internationalen Politik und der Öffentlichkeit zu heftigen Kontroversen. Israel, das den Aufruf sehr ernst nahm und durch BDS sogar seine Existenz bedroht sieht, befürchtete ökonomische Einbußen großen Ausmaßes. Ob diese wirklich eingetreten sind, ist schwer zu sagen, da darüber keine verlässlichen Zahlen vorliegen. Verschiedene internationale Konzerne und Firmen haben ihre Tätigkeiten in den besetzten Gebieten aber eingestellt. Die Knesset verabschiedete ein Gesetz, das die Unterstützung von BDS unter Strafe stellt, außerdem wurde ein Einreiseverbot für Sympathisanten der Bewegung verhängt.

Zudem wurde ein *Ministerium für strategische Angelegenheiten* ins Leben gerufen, das – mit einem voluminösen Etat ausgestattet – mit allen propagandistischen Mitteln gegen BDS vorgeht. Israel setzt in diesem Kampf auch seine stärkste Waffe ein: den Antisemitismus-Vorwurf. Das heißt, wer die Initiative unterstützt, wird als »Antisemit« an den Pranger gestellt. Was an sich ein Widerspruch ist, denn die Bewegung ruft nicht zum Boykott jüdischer Menschen auf, sondern zum Boykott von Produkten aus Israel. Außerdem zielen die Aktivitäten von BDS unter Berufung auf die Menschenrechte und das internationale Recht auf die Politik des Staates Israel, die genau diese Rechte unterdrückt.

Die rechtliche Lage ist das Eine, die politische Beurteilung aber das Andere. BDS spaltete in den Staaten der westlichen Hemisphäre Anhänger und Gegner in unversöhnliche Lager. Die Gegner halten BDS für »antisemitisch«, sprachen von »Israelbezogenem Antisemitismus« und führten zur Stützung ihrer Position die Gleichsetzung von BDS mit der Nazi-Parole »Kauft nicht bei Juden!« an. Die Verteidiger des palästinensischen

Aufrufs wurden mit der SA verglichen, die in den 1930er Jahren zum Boykott jüdischer Geschäfte aufgerufen hatte und ihn auch mit brutalem Terror durchsetzte.

Die Kriminalisierung von BDS durch die Gegner vergiftete das politische Klima in vielen westlichen Staaten, denn es wurde von diesen alles getan, um die Bewegung als Ganzes zu unterdrücken und zu desavouieren, was sich verheerend auf das wichtigste Gut demokratischer Gesellschaften auswirkte: die Meinungsfreiheit. Der renommierte amerikanische Publizist Glenn Greenwald ging so weit zu warnen: »Der Versuch, BDS zu unterdrücken, ist die größte Gefahr für die Meinungsfreiheit im Westen.«[206]

In Deutschland nahm die »Schlacht« um BDS besonders abstoßende Formen an: In der Atmosphäre eines neuen »McCarthyismus« (Micha Brumlik) wurde alles unter den Verdacht des Antisemitismus gestellt, was nur irgendwie im Entferntesten mit BDS zu tun haben könnte. Stadtväter sperrten Räume für Veranstaltungen, die eine kritische Auseinandersetzung mit der israelischen Politik zum Thema hatten mit der Begründung, es könnte ja BDS angesprochen werden; Ausstellungen wie die über die Nakba gerieten unter Beschuss; Journalisten und Publizisten übten Selbstzensur, um die berufliche Existenz nicht zu gefährden.

Der Leiter des Jüdischen Museums in Berlin Peter Schäfer musste von seinem Amt zurücktreten, weil er meinte, dem Druck von jüdischer Seite (Zentralrat der Juden in Deutschland, israelischer Botschafter sowie Ministerpräsident Netanjahu) nicht mehr standhalten zu können, die seine Arbeit – besonders eine Ausstellung über Jerusalem – massiv kritisierte und auch Schäfer selbst in Verbindung mit BDS gebracht hatte. Die Gegner von BDS schafften es, über das Thema Israel und BDS einen dichten Teppich von Verdächtigungen, Verleugnungen und Angst zu verbreiten. Der Artikel 5 des Grundgesetzes, der die Meinungs-, Informations- und Pressefreiheit sowie die Freiheit von Kunst und Wissenschaft garantiert, drohte dabei völlig unter die Räder zu geraten.

Höhepunkt der Kampagne gegen BDS war der Beschluss des Deutschen Bundestages vom 17. Mai 2019, der BDS als »antisemitisch« erklärte. In dieser Resolution, die allerdings keine Gesetzeskraft hat, wurde festgehalten, dass BDS Israels Existenzrecht als »jüdischer Staat« in Frage stelle und dies überschreite die Schwelle zwischen legitimer Kritik an Israel und Antisemitismus. Da Israels Existenzrecht aber deutsche *Staatsräson* ist, sollen diejenigen, die das in Frage stellen, weder öffentliche institutionelle Unterstützung noch staatliche Fördermittel erhalten. Damit hatte der neue McCarthyismus sozusagen seinen staatlichen Segen erhalten.

Es wurden in Deutschland über 100 Veranstaltungen wegen angeblicher Nähe zu BDS abgesagt – selbst solche mit kritischen jüdischen oder israelischen Referenten. Der *WDR* lehnte im November 2021 die schon zugesagte Bewerbung der palästinensischen Ärztin Nemi El-Hassan ab, die als Moderatorin die Wissenschaftssendung »Quarks« moderieren sollte. Grund: Sie hatte an einer israelkritischen Demonstration in Berlin teilgenommen. Die *Deutsche Welle* entließ im Februar 2022 fünf arabischsprachige Mitarbeiter, weil sie sich angeblich israelkritisch geäußert hätten. Im Mai 2021, während Israels großer Militäroperation im Gazastreifen, verteilte die *Deutsche Welle* einen internen Leitfaden für ihre journalistischen Mitarbeiter, der es ihnen verbietet, irgendeine Verbindung zwischen dem Staat Israel und dem Kolonialismus herzustellen oder den Begriff Apartheid zu verwenden. Auch hier liegt ein massiver Eingriff in die Meinungsfreiheit vor, denn es wird von den Journalisten eine israelfreundliche Haltung verlangt, anstatt journalistische Grundsätze einzuhalten und zu verteidigen.[207]

Es ist aufschlussreich, dass massiver Protest gegen die BDS-Resolution des Bundestages gerade von jüdischer bzw. israelischer Seite kam, die in Deutschland nun den Rechtsstaat in Gefahr sah. 240 namhafte Wissenschaftler aus Israel appellierten vor der Abstimmung an den Bundestag: »Wir lehnen die trügerische Behauptung ab, BDS sei als solche antisemitisch und bekräftigen, dass Boykotte ein legitimes und gewaltfreies Mittel des Widerstandes sind.« Die Unterzeichner betonen, dass die drei Ziele von BDS – Ende der Besatzung in den palästinensischen Gebieten, Gleichstellung palästinensischer Bürger Israels und das Recht auf Rückkehr der Flüchtlinge – völkerrechtlich verbürgt seien, auch wenn letzteres noch der Diskussion bedürfe.

Weiter warfen die Akademiker dem Bundestag vor, nicht in erster Linie den Antisemitismus bekämpfen zu wollen, die BDS-Resolution sei vor allem von den politischen Interessen der israelischen Regierung angetrieben. Der Kampf gegen den Antisemitismus werde hier instrumentalisiert, »um die Politik der israelischen Regierung zu schützen, die schwere Menschenrechtsverletzungen verursacht und die Chancen auf Frieden zerstört«. Die Unterzeichner riefen die Bundesregierung auf, den Beschluss des Bundestages nicht zu übernehmen.[208]

Der israelische Journalist Gideon Levy von der Tageszeitung *Haaretz* schrieb nach der Abstimmung unter der Überschrift »Deutschland, Schande über Dich und Deinen Anti-BDS-Beschluss«: »Deutschland hat eben die Gerechtigkeit kriminalisiert und unter Anklage gestellt, indem berechtigte Schuldgefühle wegen der deutschen Vergangenheit zynisch und manipulativ bis ins Extreme ausgenutzt wurden. Es ist tatsächlich so weit gekommen, dass der Deutsche Bundestag jetzt eine der empörendsten und bizarrsten Resolutionen seit dem Ende des Zweiten Weltkrieges verabschiedet hat. Der Bundestag hat die BDS-Bewegung gegen Israel als antisemitisch definiert. Benjamin Netanjahu und Gilad Erdan [der für die Bekämpfung von BDS zuständige Minister] haben gejubelt. Deutschland sollte sich schämen.«

Und weiter: »Deutschland wird fortan jeden Unterstützer von BDS als Judenhasser betrachten. Von der ›israelischen Besatzung‹ zu sprechen wird sein wie ›Heil Hitler‹ zu sagen. Fortan kann sich Deutschland nicht mehr rühmen, ein Land zu sein, in dem das Recht der Redefreiheit gilt. Es ist faktisch zu einem Agenten des israelischen Kolonialismus geworden. Es gibt zwar tatsächlich Antisemiten unter den Unterstützern von BDS, aber die meisten sind gewissenhafte Menschen, die der Meinung sind, dass ein Apartheidstaat einen Boykott verdient hat. Was ist daran antisemitisch? Die Mehrheit der Bundestagsparteien hat den Beschluss befürwortet, darunter Angela Merkel, das Gewissen Europas. Wie traurig. So lähmend sind Schuldgefühle, so wirksam Propaganda.«[209]

Der frühere Sprecher des israelischen Parlaments und Ex-Präsident der *Jewish Agency* Avraham Burg und der israelische Bildhauer Dani Karavan erinnerten die Bundesregierung in einem gemeinsamen Offenen Brief an die internationalen Verträge und Abkommen, die die Menschenrechte zum Inhalt haben und denen Deutschland beigetreten sei. BDS sei ein legitimes und angebrachtes Mittel, um Staaten zu bewegen, mit schwerer Diskriminierung und schlimmer Verletzung von Menschenrechten ins Gericht zu gehen. Mit dem BDS-Beschluss habe Deutschland das Ideal der Menschenrechte aufgegeben, denn mit der Unterstützung der extrem rechtsgerichteten und populistischen Politik der gegenwärtigen israelischen Regierung habe sich Deutschland in Gegensatz zu allen Werten gesetzt, die es zu unterstützen beanspruche.[210]

Schon zuvor hatte der israelische Historiker Avi Shlaim, der an der Universität Oxford bis zu seiner Emeritierung einen Lehrstuhl für internationale Beziehungen innehatte und der einige Standardwerke über die israelisch-arabischen Beziehungen geschrieben hat, die grundsätzliche Feststellung getroffen: »Es gibt keine Hoffnungen für die Palästinenser, das Ende der Besatzung durch die Unterstützung westlicher Regierungen oder die Vereinten Nationen herbeizuführen. Die einzige Hoffnung, die die Palästinenser haben, ist durch BDS.«[211]

Aber auch von deutscher Seite hagelte es Kritik an der BDS-Resolution. Mehr als ein Dutzend Nahost-Experten von deutschen Universitäten kritisierten in einer gemeinsamen Stellungnahme die pauschale Verurteilung von BDS. Der Beschluss stigmatisiere die ganze Bewegung, schränke die Meinungsfreiheit ein und differenziere nicht zwischen Israel und den besetzten Gebieten. Auch sie warfen den Abgeordneten vor, einer »breit angelegten Kampagne der israelischen Regierung gefolgt« zu sein, die darauf abziele, Kritik an der israelischen Regierungspolitik pauschal als antisemitisch zu diskreditieren, um so ihre Lesart der nahöstlichen Geschichte durchzusetzen.[212]

Der Völkerrechtler Norman Paech merkte an: »Wer den Boykott von internationalen Universitäten, Schulen, Kirchen, Gewerkschaften und zahllosen zivilgesellschaftlichen Organisationen mit dem Ziel, die Geltung von Völkerrecht und Menschenrechten für das palästinensische Volk durchzusetzen, mit dem Boykott der Nazis zur Vernichtung des jüdischen Volkes gleichstellt, hat die Ebene ernst zu nehmender Argumentation verlassen und sich auf das Niveau politischer Verleumdung herabbegeben. Es ist widersinnig und falsch, Kritik und Sanktionen, die man gegen andere Staaten ausgiebig und nachdrücklich fordert und praktiziert, hinter einer unseligen Geschichte zu verstecken und Palästina als völkerrechtsfreies Gebiet außerhalb von UNO und UNO-Charta zu akzeptieren.«[213]

Ergänzend zu dieser Aussage von Norman Paech muss man feststellen, dass der »Kauft-Nicht-bei-Juden!«-Vergleich auch aus dem Grund unhaltbar ist, weil hier Unvergleichbares miteinander in Relation gesetzt wird. Denn die Juden in Hitlers »Drittem Reich« waren eine schwache und wehrlose Minderheit, der Staat Israel ist aber eine hoch gerüstete Militärmacht, die ausgerüstet mit modernster Militärtechnik aus eigener oder amerikanischer Produktion einschließlich Atomwaffen eine der stärksten Armeen der Welt besitzt.

Im Dezember 2020 trat eine *Initiative GG 5 Weltoffenheit* an die Öffentlichkeit. Ihr gehören bedeutende Kulturinstitutionen und ihre Repräsentanten an. Auch sie äußerten ihre Sorge, dass mit dem BDS-Beschluss des Bundestages das Grundrecht auf freie Meinungsäußerung in grober Weise verletzt werde. Sie forderten eine offene Debattenkultur ohne Einschränkung.

Auch die UNO meldete sich zu Wort. Die Menschenrechtskommission der Weltorganisation drückte die Sorge aus, dass der Beschluss des Bundestages einen besorgniserregenden Trend setze, die Meinungs-, Versammlungs- und Vereinigungsfreiheit unverhältnismäßig einzuschränken. Die Kommission forderte Außenminister Heiko Maas auf, innerhalb von 60 Tagen zu erklären, welche rechtlichen Auswirkungen der Beschluss habe und wie er sich mit den Verpflichtungen Deutschlands zum Schutz der internationalen Menschenrechte vertrage. Zudem solle die Regierung erklären, wie sie sicherstellen könne, dass

BDS-Aktivisten Menschenrechtsverletzungen ohne unzulässige Einschränkungen weiter benennen könnten.[214] Auch der Europäische Gerichtshof (EGMR) sah in einem Urteilsspruch das Recht von BDS-Aktivisten auf die in der Europäischen Menschenrechtskonvention garantierte Meinungsfreiheit verletzt.[215]

Die Lage wurde erst wieder durch ein Urteil des Bundesverwaltungsgerichts etwas entspannt. Der Münchener Stadtrat hatte am 13. Dezember 2017 beschlossen, dass für Veranstaltungen, die irgendwie mit BDS zu tun haben, keine städtischen Räume zur Verfügung gestellt werden dürften. Das Gericht entschied, dass der Stadtratsbeschluss gegen Artikel 5 Absatz 1 Satz 1 des Grundgesetzes, also gegen das Grundrecht auf freie Meinungsfreiheit verstößt.[216]

4. Ein neuer Antisemitismus-Begriff nutzt Israels Interessen

Auf den Begriff des *funktionalen Antisemitismus*, auf den Daniel Blatman verweist, ist schon hingewiesen worden. Seine Antisemitismus-Definition ist ein gutes Instrument, den BDS-Beschluss des Bundestages zu verstehen. Es muss aber um ein weiteres Instrument ergänzt werden: die IHRA-Definition von Antisemitismus. IHRA ist eine Abkürzung von *International Holocaust Remembrance Alliance* (Internationale Holocaust Gedenk-Allianz). Es handelt sich dabei um eine internationale Organisation, die sich der Aufklärung über und die Erinnerung an den Holocaust zum Ziel gesetzt hat.

Ihre Definition von Antisemitismus (auch Arbeitsdefinition genannt), die 2016 in Bukarest beschlossen wurde, lautet: »Antisemitismus ist eine bestimmte Wahrnehmung von Juden und Jüdinnen, die sich als Hass gegenüber Juden und Jüdinnen ausdrücken kann. Der Antisemitismus richtet sich in Wort und Tat gegen jüdische und nichtjüdische Einzelpersonen und/oder deren Eigentum sowie gegen jüdische Gemeindeinstitutionen oder religiöse Einrichtungen.«

Dieser Definition wurden elf Beispiele hinzugefügt, um die es einen erbitterten internen Streit gab. Sie lauten (Ausschnitt):

» - Erscheinungsformen von Antisemitismus können sich auch gegen den Staat Israel richten, der dabei als jüdisches Kollektiv verstanden wird. Allerdings kann Kritik an Israel, die mit der an anderen Ländern vergleichbar ist, nicht als antisemitisch betrachtet werden. Antisemitismus umfasst oft die Anschuldigung, die Juden betrieben eine gegen die Menschheit gerichtete Verschwörung und seien dafür verantwortlich, dass ›die Dinge nicht richtig laufen‹. Der Antisemitismus manifestiert sich in Wort, Schrift und Bild sowie in anderen Handlungsformen, er benutzt unheilvolle Stereotypen und unterstellt negative Charakterzüge.

- Das Aberkennen des Rechts des jüdischen Volkes auf Selbstbestimmung, z. B. durch die Behauptung, die Existenz des Staates Israel sei ein rassistisches Unterfangen.

- Die Anwendung doppelter Standards, indem man von Israel ein Verhalten fordert, das von keinem anderen demokratischen Staat erwartet oder gefordert wird.

- Das Verwenden von Symbolen und Bildern, die mit traditionellem Antisemitismus in Verbindung stehen (z. B. der Vorwurf des Christusmordes oder die Ritualmordlegende), um Israel oder die Israelis zu beschreiben.«[217]

Der Jahre andauernde Streit um die IHRA-Definition belegt den immensen Einfluss von pro-israelischen Lobbygruppen auf die öffentliche Debatte über den Umgang mit dem Holocaust und Antisemitismus. Das ursprüngliche Ziel von IHRA war,

»die historische Genauigkeit über den Holocaust zu gewährleisten und den Antisemitismus zu bekämpfen«.[218] 2013 wurde die Definition von 29 Regierungen und vielen öffentlichen Institutionen angenommen. Auf der IHRA-Webseite erschien die Antisemitismus-Definition aber in zwei Teilen: die Zwei-Satz-Definition von Judenhass, gefolgt von den elf illustrativen Beispielen, von denen sich sieben auf Israel beziehen. So kann es antisemitisch sein, Israel als »rassistisches Unterfangen« zu bezeichnen oder zu argumentieren, dass Israel als selbsterklärter Staat nicht als Demokratie zu qualifizieren sei.

Seit der Verabschiedung der Definition gab es heftige Debatten darüber, ob es ihr eigentliches Ziel sei, Kritik an Israel zu verhindern. 2016 wurde dann die IHRA-Arbeitsdefinition von den Delegierten aus den verschiedenen Staaten angenommen. Man beschloss aber, die elf Beispiele aus der Definition auszuschließen. Die Arbeitsdefinition bestand also nur noch aus den beiden ursprünglich formulierten Sätzen, die Beispiele wurden davon abgetrennt und gesondert aufgeführt. Diese Entscheidung wurde aber von den israelischen Lobbygruppen und IHRA-Offiziellen bewusst falsch dargestellt bzw. verschleiert, um die Beispiele doch noch in die Arbeitsdefinition einzufügen. Das übergeordnete Ziel war dabei, Menschenrechtsgruppen in ihrer Arbeit über Israel einzuschüchtern und zum Schweigen zu bringen.[219]

IHRA-Offizielle kollaborierten offenbar mit Vertretern der Israel-Lobbygruppen. Und so wurde von der IHRA fälschlicherweise behauptet, dass die Arbeitsdefinition mit den zwei Sätzen und den elf Beispielen doch zusammengehörten. Andere IHRA-Vertreter behaupteten das Gegenteil, es herrschte totale Unklarheit über den wirklichen Stand der Dinge. Auch das israelische Außenministerium schaltete sich ein und setzte sich für die Aufnahme der Beispiele in die Definition ein. Mehrere europäische Staaten waren aber dagegen. Das Vorgehen der Lobbygruppen und Israels selbst belegten aber, wie weitgehend der Holocaust und der Antisemitismus von ihnen als politische Waffe benutzt werden. Der israelische Historiker Avi Shlaim schrieb denn auch, »dass eine Definition, die Juden vor Antisemitismus schützen sollte, verdreht wurde, um den Staat Israel vor berechtigter Kritik zu schützen, die nichts mit antijüdischem Rassismus zu tun hat.«[220]

Die Bundesregierung und der Antisemitismus-Beauftragte begrüßten die Definition als gute Arbeitsgrundlage. Sie wurde aber von Kritikern sehr schnell als unbrauchbar für den Diskurs über diese Problematik erkannt. Selbst einer ihrer Mitverfasser, der amerikanische Jurist und Menschenrechtsanwalt Kenneth S. Stern hält sie heute für einen großen Fehler, weil sie zur Vergiftung der Debatte geführt habe. Wenn man aus der Definition die Verneinung des Existenzrechts Israels – Stichwort Rückkehr der Flüchtlinge – ableite, dann verneine man damit auch das Existenzrecht eines palästinensischen Staates, was einem antimuslimischen Rassismus gleichkäme.[221]

Einer der führenden Antisemitismus-Experten in Deutschland, Peter Ullrich, legte in einem Gutachten die Mängel und Schwächen der IHRA-Definition dar und zeigte ihre Gefahren auf. Er kritisiert, dass die Definition inkonsistent, widersprüchlich und ausgesprochen vage formuliert sei. Die Kerndefinition des Antisemitismus sei zudem reduktionistisch. Das heißt: Sie hebe einige antisemitische Phänomene und Analyseebenen hervor, spare andere wesentliche aber weitgehend aus. Die größte Schwäche der Definition sei, dass sie das Einfallstor für ihre politische Instrumentalisierung sei, etwa um gegnerische Positionen im Nahostkonflikt durch den Vorwurf des Antisemitismus zu diskreditieren. Da sie von staatlichen Institutionen als quasi rechtliche Grundlage angesehen werde, könne sie benutzt werden, um Grundrechte, insbesondere die Meinungsfreiheit, in Bezug auf missliebige israelbezogene Positionen zu beschneiden.[222]

In der IHRA-Definition erstaunt vor allem der Satz, dass es antisemitisch sei, doppelte Standards auf Israel anzuwenden, indem man von Israel ein Verhalten fordere, das von keinem anderen Staat erwartet oder gefordert werde. Ist Israel aber ein normaler Staat? Welcher Staat auf dieser Welt, der sich zugleich eine Demokratie nennt, hat in seinem Herrschaftsbereich fünf Millionen Menschen (Westjordanland und Gazastreifen), die unter einer brutalen Besatzung leben müssen und über keinerlei bürgerliche oder politische Rechte verfügen? Und selbst die im israelischen Kernland lebenden Palästinenser (20 Prozent der Bevölkerung) sind seit der Staatsgründung 1948 harten Diskriminierungen unterworfen. Nach dem neuen Nationalstaatsgesetz von 2018 sind sie keine vollwertigen Bürger des Staates, da sie nach diesem Gesetz nicht zur jüdischen Nation gehören und nur Juden in Israel über das Selbstbestimmungsrecht verfügen. Ist Israel also eine ganz normale Demokratie? Viele israelische Kritiker bezeichnen diesen Staat als »Ethnokratie«, weil die Juden als beherrschende Gruppe in ihm alle Privilegien besitzen und die anderen Ethnien – Palästinenser, Drusen usw. – dominieren.

Es gibt andere wichtige Kritikpunkte: Die IHRA-Definition setzt Judentum und Zionismus gleich, indem sie voraussetzt, dass alle Juden Zionisten sind und dass der Staat Israel in seiner gegenwärtigen Realität die Selbstbestimmung aller Juden verkörpert. Das ist aber nicht der Fall. Denn sehr viele Juden in der Welt und sogar in Israel lehnen den Zionismus ab und fühlen sich politisch durch ihn nicht vertreten. Wenn in der IHRA-Definition das Recht auf Selbstbestimmung des jüdischen Volkes hervorgehoben wird, dann ergibt sich automatisch die Frage, ob dieses Recht auch das Recht einschließt, ein anderes Volk durch eine ethnische Säuberung zu vertreiben, die davon betroffenen Menschen an der Rückkehr in ihr Land und zu ihrem Eigentum zu hindern sowie den im Land verbliebenen Rest dieses Volkes einer brutalen Besatzung zu unterwerfen. Das Recht auf Rückkehr ist wie erwähnt durch die UNO-Resolution 194 völkerrechtlich abgesichert und kann deshalb nicht antisemitisch sein. Zudem kommen die Rechte der Palästinenser in der IHRA-Definition gar nicht vor.

Israel hat als Lösung des Konflikts mit den Palästinensern die Schaffung von zwei Staaten immer abgelehnt. Ein Nachdenken über eine andere Lösung des Problems – etwa die Ein-Staaten-Lösung – ist unbedingt notwendig. Die IHRA-Definition schließt aber alle gegen die Interessen des Zionismus gerichteten Lösungsansätze aus – etwa ein säkularer demokratischer Staat, in dem alle Bürger gleiche Rechte haben. Solche Konzepte sind nach der IHRA-Definition antisemitisch, weil ihr zufolge nur das jüdische Volk das Recht auf Selbstbestimmung hat.

Aufschlussreich ist das Zustandekommen des Textes der IHRA-Definition. Daniel Blatman weist vor allem auf den starken und bestimmenden Einfluss Israels in der IHRA-Organisation hin. Der israelische Holocaust-Forscher Professor Yehuda Bauer sei ihr führender akademischer Berater. Zudem habe Israels Ministerpräsident Benjamin Netanjahu die Organisation wegen ihrer Rolle im Kampf gegen BDS geradezu verherrlicht. Blatman nennt die IHRA eine »unnötige und zerstörerische Organisation«.[223]

Hier schließt sich wieder der Kreis zu BDS. Denn stellt man die ideologiekritische Frage *cui bono*? (wem nützt es?), so kann es darauf nur eine Antwort geben: Israel. Dieser Staat hat offenbar beim Zustandekommen der IHRA-Antisemitismus-Definition sehr geschickt im Hintergrund Einfluss genommen. Auch beim Zustandekommen der BDS-Bundestagsresolution haben jüdische bzw. israelische Gruppen eine Rolle gespielt.[224] Das ist keine Verschwörungstheorie von der »Macht der Juden«, sondern die israelische Politik hat ja ein handfestes Interesse, so vorzugehen, dass der Antisemitismus-Begriff in ihrem Sinne instrumentalisiert wird – eben im Sinne von Blatmans geschildertem *funktionalem Antisemitismus-Begriff* –, damit Israel sein vorrangiges Ziel erreichen kann: die gewaltfreie BDS-Bewegung, die aktiv gegen die Besatzung, die Unterdrückung der Palästinenser und gegen die an diesem Volk begangenen Kriegsverbrechen vorgeht, zu schwächen und – wenn möglich – völlig auszuschalten. Natürlich ist damit auch ein übergeordnetes Ziel eng verbunden: jede Kritik an Israels menschenrechts- und völkerrechtswidriger Politik zu unterbinden, sie als »antisemitisch« zu diffamieren und Israel als ganz »normale« Demokratie darzustellen.

Die deutsche Politik folgt diesen israelischen Vorgaben wegen des immer noch lastenden Schuldgefühls und dem Bestreben nach Entsühnung in devoter Weise. Wie sie mit einer solchen Politik aus der fatalen und widerspruchsvollen Verstrickung von Philosemitismus, Unterstützung des siedlerkolonialistischen Besatzungsstaates bei gleichzeitiger Propagierung universalistischer Werte herauskommen will, bleibt ihr Geheimnis.

Schluss

Israel hat sich durch seine Okkupationspolitik in den besetzten Gebieten, die von Gewalt und Repression bestimmt ist und seit über 50 Jahren andauert, in eine tiefe Krise manövriert. Dieser Staat hat weder das Versprechen erfüllt, eine sichere Zuflucht für alle Juden der Welt zu sein, noch hat er es nach einem Dreivierteljahrhundert seiner Existenz geschafft, mit seinen direkten Nachbarn – den Palästinensern – Frieden zu schließen. Israel präsentiert sich heute als aggressiver, siedlerkolonialistischer Apartheidstaat, der nicht weiß, wie er aus der Sackgasse, in die er sich begeben hat, wieder herauskommen soll. Die Zukunft des zionistischen Projekts ist deshalb sehr ungewiss.

Die deutsche Politik und die Hauptmedien scheinen nichts von dieser dramatischen Situation, in der sich Israel befindet, wahrzunehmen. Sie halten weiter an ihrem Idealbild von diesem Staat fest und projizieren weiter ihre aus Schuld geborene Wunschvorstellung auf den »jüdischen Staat« und glauben an die Mythen, die er über sich selbst verbreitet. Auch der Glaube an eine deutsch-israelische Wertegemeinschaft ist unerschütterlich, auch wenn es auf Grund der Faktenlage im »Heiligen Land« gar keine gemeinsamen Werte geben kann. Da aber so getan wird, »als ob« sie existierten, ist das Ergebnis eine zutiefst unaufrichtige Beziehung. Deutschland und Israel sind wie siamesische Zwillinge durch Schuld auf der einen Seite und sehr handfeste materielle Interessen auf der anderen Seite miteinander verbunden. Zu einer echten Partnerschaft gehören aber immer die Freiheit der Entscheidung und auch der offene kritische Umgang miteinander. Beides gibt es in dieser Beziehung nicht.

Die deutsche Politik ordnet sich devot und gehorsam den Vorgaben Israels unter und ist aus Loyalität sogar bereit, wesentliche demokratische Grundrechte und Völkerrechtsprinzipien zu missachten und einzuschränken, also einen Abbau wichtiger Elemente der Demokratie hinzunehmen. Die deutsche Politik ist aber nach dem Grundgesetz zur Einhaltung des internationalen Völkerrechts verpflichtet, auch darüber setzt sich die deutsche Politik im besonderen Verhältnis zu Israel hinweg.

Da die Erinnerungspolitik immer die Magd der großen Politik ist – ganz besonders in diesem historisch schwierigen Fall –, ist das Holocaust-Gedenken auf der deutschen Seite nicht selbstbestimmt und zweckfrei, sondern vollständig abhängig von der Erinnerungsideologie, die sich in Israel herausgebildet hat. Das israelische Gedenken ist aber dadurch belastet, dass es den Genozid an den europäischen Juden als Staat einerseits in vieler Hinsicht für sich monopolisierend instrumentalisiert und andererseits durch seine brutale Okkupationspolitik dem sittlich-humanen Erbe, das die Holocaust-Opfer der Nachwelt verpflichtend auferlegt haben, in diametraler Weise widerspricht.

Mit diesem untragbaren und unerträglichen Widerspruch ist auch die deutsche Erinnerungspolitik belastet und sie hat wegen ihrer symbiotischen Abhängigkeit von Israel bisher nichts getan, diese spezielle Art des logischen Widerspruchs aufzulösen. Ganz im Gegenteil, sie tut alles, um sie aufrechtzuerhalten. Das israelische Holocaust-Gedenken ist zutiefst partikularistisch-zionistisch, das heißt stammesbezogen, nationalistisch und damit antiuniversalistisch. Die deutsche Erinnerungspolitik hat die israelische Vorgabe ohne Wenn und Aber übernommen und gibt ihr eigenes Gedenken dennoch als universalistisch aus – eine verhängnisvolle historische und politische Unwahrheit. Dem Dilemma, in das sie dadurch geraten ist, kann sie nicht entkommen. Das Urteil, das man deshalb an dieser Stelle fällen muss, kann nur lauten: Solange das deutsche Gedenken sich nicht aus der Umarmung mit dem zionistischen Erinnern gelöst hat, ist sie gescheitert!

Wie kann der Ausweg aus dem Dilemma aussehen? Es gibt keinen nationalen Besitzanspruch auf den Holocaust. Er ist auch kein Teil der deutschen Identität – in dem Sinne, dass die Singularität des Holocaust (jedes historische Ereignis ist singulär!) als Waffe verstanden werden darf, andere schreckliche Genozide in der Geschichte abzuwerten und in die zweite Reihe zu verbannen. Der Fixpunkt Israel darf nicht das ausschlaggebende Kriterium für das Gedenken sein, wenn es denn universalistischen Ansprüchen genügen soll. Die Sichtweisen anderer Völker mit anderen schrecklichen Leidenserfahrungen, die ihnen weiße Europäer zugefügt haben, sind mit einzubeziehen.

Die deutsche Erinnerungspolitik verbietet Vergleiche und das Inbeziehungsetzen des Holocaust mit anderen Genoziden. Der Mord an den europäischen Juden wird so aus seinen historischen Kontexten herausgelöst und zum einzigartigen Abstraktum gemacht, was ihn in enger Anlehnung an das israelische Gedenken zu einem Instrument der nationalen Identität machen will. Ein solcher Ansatz widerspricht universalistischem Denken. Erst das Herausarbeiten vergleichbarer Ähnlichkeiten und Unterschiede zu anderen Möglichkeiten bietet die Chance, den Holocaust besser zu verstehen – auch seine Singularität! – und so einen Beitrag zur Prävention neuer Genozide zu leisten.

Michael Rothberg, A. Dirk Moses und Jürgen Zimmerer haben hier die Vorarbeit geleistet, auf der erfolgreich aufgebaut werden kann. Die Einbeziehung der Verbrechen des europäischen Kolonialismus sowie der deutschen Herrschaft über Osteuropa im Zweiten Weltkrieg in das Erforschen und in das Gedenken des Holocaust wären ein wichtiger Beitrag zur Erarbeitung einer universellen und globalen Geschichte der genozidalen Massenmorde. Dieser Weg würde dem deutschen Holocaust-Gedenken die Freiheit verschaffen, die es bisher nicht besitzt. Diese Freiheit kann es aber erst geben, wenn die deutsche Politik sich aus der engen Symbiose mit Israel löst und eine Beziehung schafft, die nicht von Gehorsam und Unterordnung bestimmt ist.

Wie der deutsch-jüdische Philosoph Ernst Tugendhat es formuliert hat: Die Schuldgefühle der Deutschen sind noch sehr groß und noch keineswegs rational aufgearbeitet. Das verschaffe der israelischen Regierung aber die Möglichkeit, »auf diesem irrationalen Schuldgefühl der Deutschen virtuos wie auf einem Klavier zu spielen«. Erst wenn die Schuld wirklich rational aufgearbeitet sei, bestehe keine Notwendigkeit mehr, sich den auch irrationalen Wünschen der anderen zu unterwerfen. Der Handelnde behalte dann sein autonomes Handlungsvermögen. Die Frage lautet dann: »Wie kann ich dem Anderen helfen? Wo liegen seine Interessen?«[225] Von diesem Punkt sind die deutsch-israelischen Beziehungen und damit auch die Erinnerungspolitik aber noch weit entfernt.

Anhang

»Die Deutschen verharren immer noch in Erinnerungsverweigerung und Schuldabwehr«. Anmerkungen zu Samuel Salzborns Buch *Kollektive Unschuld. Die Abwehr der Shoa im deutschen Erinnern*

Ich habe die These aufgestellt, dass die offizielle deutsche Erinnerungspolitik gescheitert ist. Dafür habe ich – wenn auch mit einer ganz anderen Begründung – Zuspruch und Bestätigung von einem Autor erhalten, den ich eigentlich als politischen Opponenten betrachte: Samuel Salzborn. Dieser umstrittene Sozialwissenschaftler und Antisemitismus-Beauftragte des Landes Berlin sieht die von deutscher Seite proklamierte »Erfolgsgeschichte« der Erinnerung als gescheitert an, weil es eine wirkliche Auseinandersetzung mit dem Nationalsozialismus – vor allem mit dem Holocaust – nur rudimentär gegeben habe. Deshalb entpuppe sich das Paradigma von der »Erfolgsgeschichte« heute als »geschichtspolitische Illusion«. Ja, er setzt noch eins drauf und bezeichnet diese vermeintliche deutsche Selbstgewissheit als eine »freie Erfindung« und die »größte Lebenslüge der Bundesrepublik«.[226]

Die Aufarbeitung habe, wenn überhaupt, nur eine kleine links-liberale Elite geschafft. Der Rest der Bevölkerung, betont Salzborn immer wieder, lebt in der »Erinnerungsverweigerung«, »bei der bis heute im nationalen und vor allem familiären Gedächtnis die Weigerung in die Einsicht dominiert, dass – je nach Alter – der eigene Vater oder die eigene Mutter, der eigene Opa oder die eigene Oma, der eigene Uropa oder die eigene Uroma schuldig waren.«[227] Mit anderen Worten: So gut wie alle Deutschen waren und sind schuldig – persönlich-moralisch, politisch und je nach den Umständen auch juristisch. Die Schuld wird noch an die Enkel weitergegeben, die nun noch deutlichere Formen der Erinnerungs- und Schuldabwehr an den Tag legten.[228]

Und nicht nur das. Die große Mehrheit der Deutschen betreibt nach Salzborn nicht nur eine Erinnerungs- und Schuldabwehr, sondern sie huldigen einem Opfer-Mythos, dem Mythos der Kollektivunschuld, dessen Basis die Verweigerung der Erinnerung an den Holocaust ist.[229] Damit ist es aber auch noch nicht genug. Aus dem Wunsch heraus, sich von der Vergangenheit zu entlasten, entsteht ein Schuldabwehr-Antisemitismus – »nicht trotz, sondern wegen Auschwitz«.[230] Das ist nach Salzborn so zu verstehen: Die deutsche Erinnerungspolitik macht die Juden für die Folgen des Holocaust verantwortlich, weil sie den Massenmord an den europäischen Juden als negative Störung der nationalen Erinnerungskompetenz empfindet. (Das erinnert an den sarkastischen Satz, dass die Deutschen den Juden Auschwitz niemals verzeihen werden.) Die Deutschen machen also aus den Opfern Täter.

Anders gesagt: Die Deutschen haben ein starkes Bedürfnis nach nationaler Identität und streben einen Schlussstrich an, um Normalität zu erreichen, aber da ist die schreckliche Erinnerung an den Holocaust im Weg. Die Deutschen stellen sich aber nicht der Verantwortung für den Genozid an den Juden durch die Nazis, sondern verorten die Verantwortung bei den Opfern der deutschen Politik [also bei den Juden], die sich mit ihrem Schicksal nicht abfänden. Und daraus entsteht dann eben Antisemitismus.[231]

An anderer Stelle ist es die verdrängte Wut und der verschobene Hass auf die unbewussten Familienerbschaften, die sich bei der Generation der Nachgeborenen gegen die Juden richtet.[232] Aber dieser Antisemitismus zielt nicht nur auf die Juden, sondern auch auf den Staat Israel. Es ist eben antiisraelischer Antisemitismus.

Gleich im ersten Kapitel seines Buches beschreibt Salzborn diesen Antisemitismus und seine Träger: »75 Jahre nach der Niederschlagung des Nationalsozialismus durch die Alliierten und der Befreiung der Welt von der deutschen Barbarei ist Antisemitismus allgegenwärtig weltweit, aber auch und gerade in Deutschland. Allgegenwärtig in der Form von palästinensischen Banden, die tagtäglich Israel terrorisieren, allgegenwärtig in Form von rechten und linken Verbündeten des antisemitischen Mobs in Europa, die zusammen mit Islamisten demonstrieren oder, mal der eine, mal der andere, verantwortlich zeichnen für Gewalt- und Propagandataten gegen Jüdinnen und Juden.«[233]

Die deutsche Schuldabwehr steht also in engem Zusammenhang mit dem gegen Israel gerichteten Antisemitismus und der propalästinensischen Orientierung. Die familiäre Täterschaft wird ins Unbewusste verdrängt, aus dem sie dann als Schuldabwehr, als Israel-Hass und als Palästinenser-Solidarität wieder hervorbricht.[234] Die Solidarisierung mit den Palästinensern bezeichnet Salzborn als »wirkmächtige Projektionsorientierung«, weil sie eine psychische Funktion erfüllt: sie stellt einen vordergründigen Bruch mit der NS-Ideologie dar, der aber gar kein Bruch sei, sondern nur ein »Rebellionssurrogat«, in dem das völkische und antisemitische Weltbild der Nazis weiter existiere. Die Abgrenzung zum Nationalsozialismus sei also nur scheinbar. Die Palästina-Sympathisanten rebellierten, ohne sich selbstkritisch in Frage zu stellen.[235]

Ich muss gestehen, dass ich große Probleme habe, diese Argumentation mit ihren absurden Verallgemeinerungen, infamen Unterstellungen und hergeholten Kausalitätsbezügen zu verstehen. Wobei es ja gar keine Frage ist, dass die Deutschen allergrößte Probleme hatten und haben, ihre verbrecherische Vergangenheit aufzuarbeiten. Aber das geht eben nur auf dem Weg, den der Historiker Eberhard Jäckel beschrieben hat: »Nur wer seine Vergangenheit und die Vergangenheit seines Volkes schonungslos betrachtet, wird von ihr frei. Er gewinnt dadurch eine Freiheit, auf die er stolz sein kann. Der Nationalstolz des mündigen Bürgers besteht nicht darin, die Vergangenheit seiner Nation zu rühmen. Sein Stolz ist es vielmehr, sie kritisch zu betrachten. Das macht ihn frei, und diese Freiheit macht ihn zukunftsfähig.«[236] Das Aufzeigen der Kausalkette Schuldabwehr, Erinnerungsverweigerung, Verdrängung, Wut, Antisemitismus, der sich vor allem auch gegen Israel richtet, ist keine wissenschaftliche Feststellung, sondern ein ideologischer Irrweg, der nicht weiterführt.

Salzborn macht einen großen Rundumschlag: Er differenziert nicht beim Blick auf die deutsche Gesellschaft. Im Grunde sind ihm zufolge alle Deutschen Antisemiten und noch zutiefst von der NS-Ideologie geprägt – ein Volk von Nazis eben, sieht man von einer kleinen links-liberalen Elite ab. Die Studentenbewegung von 1968, die sich gegen die eigenen NS-Väter richtete, der Eichmann-Prozess und die Auschwitz-Prozesse, die Wehrmachtsausstellung sowie eine Fülle kritisch-aufklärerischer Literatur über Hitler und seinen Staat, die vielen Menschen die Augen geöffnet haben, bei Salzborn kommt das alles nicht vor. Er will die paranoide Idee, dass so gut wie alle Deutschen Hitler noch nicht abgeschworen haben, unbedingt aufrechterhalten.

Die deutsche Politik und die Erinnerungspolitik haben versucht, die deutsche Schuld vor allem mit der völligen Identifizierung mit Israel, einer vorbehaltlosen Symbiose mit diesem

Staat, abzutragen, was nicht gelungen ist und von vornherein zum Scheitern verurteilt war, weil diese Symbiose sich in die völlige politisch-ideologische Abhängigkeit von dem zionistischen Staat begeben hat. Eines Staates, dem Völkerrecht und Menschenrechte nichts bedeuten und der damit selbst im diametralen Gegensatz zum moralischen Vermächtnis des Holocaust steht. Die deutsche Erinnerungspolitik musste scheitern, weil sie »eine egoistische Nabelschau ist, die sich in formalen Abstraktionen einerseits und unreflektiert selbstbezogenem Emotionsgewühl andererseits bewegt«, so beschreibt der Israeli Moshe Zuckermann das deutsche Gedenken.[237]

Auch davon weiß Salzborn nichts oder will es nicht wissen. Für ihn ist die deutsche Erinnerungspolitik gescheitert, weil die Deutschen nach wie vor Nazis sind und sich gar nicht erinnern wollen. Genauso blind ist sein Blick auf Israel. Er beschreibt es als »jüdischen und modernen Staat mit einer pluralistischen Gesellschaft«.[238] Besatzung, Apartheid und die Unterdrückung eines ganzen Volkes als Basis der israelischen Staatlichkeit – für Salzborn existiert dies nicht. Kritik an Israels Okkupationspolitik ist natürlich israelbezogener Antisemitismus. Und im Hass auf diesen Staat sieht er die Deutschen eng vereint: islamistische Antisemiten, Neonazis und linke Anti-Imperialisten verbünden sich da. Er wirft alles in einen Topf, wobei er gar nicht exakt definiert, was er unter Antisemitismus versteht und er grenzt ihn auch nicht vom Antizionismus ab.

Eine empirische Studie des Konstanzer Psychologen Wilhelm Kempf, die auf umfangreichen Umfragen beruht, kommt der gesellschaftlichen Wirklichkeit sehr viel näher als Salzborns Spekulationen. Es ist sicher kein Zufall, dass er diese Studie auch gar nicht erwähnt. Kempf unterscheidet zwischen nicht-antisemitischen und antisemitischen Israel-Kritikern. Letzteren bescheinigt er einen latenten Antisemitismus – ein Muster, das sich auch bei NPD-Wählern findet. Über die nicht-antisemitischen Israel-Kritiker hat Kempf herausgefunden: »Sie sind besser informiert und zeigen eine größere Nähe zu dem israelisch-palästinensischen Konflikt. Ihr Pazifismus ist stärker ausgeprägt und ihre Menschenrechtsorientierung ist konsistenter. Ihre Positionierung zugunsten der Palästinenser wird umso radikaler, je besser sie über den Konflikt orientiert sind, je größer ihre emotionale Nähe zu dem Konflikt ist, je konsistenter ihre Menschenrechtsorientierung ist, je mehr sie die Einschränkung von Menschenrechten ablehnen, je weniger sie zu moralischer Ablösung neigen und je stärker sie für die Opfer von Menschenrechtsverletzungen eintreten.«[239]

Genau umgekehrt verhält es sich bei den antisemitischen Israel-Kritikern: »Je radikaler sie sich zu den Palästinensern positionieren, desto schlechter sind sie informiert, desto weniger emotionale Nähe zu dem Konflikt haben sie, desto geringer ist ihre pazifistische Einstellung, desto inkonsistenter ist ihre Menschenrechtsorientierung und desto weniger treten sie für die Opfer von Menschenrechtsverletzungen ein.«[240]

Kempf bilanziert: »Unter den aktiven Israelkritikern waren diese [antisemitischen] Muster dagegen nicht zu finden. Die aktiven Israelkritiker und mit ihnen die überwiegende Mehrheit der Deutschen, die sich zugunsten der Palästinenser positionieren, teilen keinerlei antisemitische Vorurteile, sondern kritisieren die israelische Politik in Folge ihres Menschenrechtsengagements und Pazifismus. Während die aktiven Kritiker dazu neigen, sich trotz ihres ausgeprägten Pazifismus in einem pro-palästinensischen War-Frame zu positionieren, sind diese radikalen Spielarten der Israelkritik in der allgemeinen Bevölkerung extrem selten. Diese radikalen Kritiker wählen Die

Linke oder Bündnis 90/Die Grünen, und in der Mitte der Gesellschaft (bei den Wählern von CDU, SPD und FDP) finden sie sich überhaupt nicht.«[241]

Die Kempf-Studie ergibt ein ganz anderes, differenziertes und realistisches Bild von den Einstellungen in der deutschen Gesellschaft zum Konflikt zwischen Israel und den Palästinensern als die ideologischen Spekulationen Salzborns. Damit werden auch seine Schlussfolgerungen für die Aufarbeitung der Vergangenheit, die die Deutschen geleistet bzw. nicht geleistet haben, unglaubhaft. Auch seine Schlussfolgerungen für die deutsche Erinnerungsarbeit werden damit obsolet. Es gibt in diesem Land durchaus eine größere Gruppe von Menschen, das hat Kempf festgestellt, die den Holocaust angemessen erinnert und ihre Folgerungen daraus gezogen hat: dass die Menschenrechte universal gelten – für alle Menschen in der Welt. Natürlich gibt es auch Erinnerungsverweigerung und Schuldabwehr, aber sie verallgemeinernd der ganzen deutschen Bevölkerung zu unterstellen, ist ein Phantasieprodukt Salzborns.

Man fragt sich, welche Motive dieser Mann hat und welche Ziele er verfolgt? Will er mit seinen kruden Thesen von Israels Untaten ablenken? Israels Verbrechen an einem ganzen Volk – das ist kein Geheimnis – fachen den Antisemitismus in der Welt an. Will Salzborn auch von diesem Faktum ablenken? Man wüsste gern, wie er zu dem *funktionalen Antisemitismus*-Begriff des Israeli Daniel Blatman steht, der besagt, dass Israels politische Elite diesen Antisemitismus-Begriff selbst kreiert hat, ihn mit allen Mitteln fördert, um Kritik an seiner unmenschlichen Politik gegenüber den Palästinensern abzublocken. Einem so renommierten Holocaust-Forscher wie Blatman kann er ja schließlich nicht Antisemitismus vorwerfen. Aber man kann ihn natürlich als »selbsthassenden Juden« dämonisieren.

Samuel Salzborn verwickelt sich mit seinen realitätsfernen Thesen in unauflösbare Widersprüche. So schreibt er etwa, dass der Antisemitismus sich nicht nur gegen Juden wende, sondern »gegen alles, was die moderne Welt kennzeichnet: gegen Freiheit und Gleichheit, Urbanität und Rationalität, Emanzipation und Demokratie.«[242] Freiheit und Gleichheit, Emanzipation auch für die Palästinenser? Da würde Salzborn doch sofort die Antisemitismus-Keule hervorholen.

Die Forderungen nach Freiheit und Gleichheit usw. sind natürlich universalistisch. Aber dem Universalismus erteilt er eine klare Absage. Er findet ihn so fatal, weil der universalistische Anspruch der Erinnerung »zur entkonkretisierten, enthistorisierten und emotionalisierten Willkür der Postmoderne wird.«[243] Er befürchtet, dass der Holocaust, wenn aus ihm universelle Wertmaßstäbe abgeleitet werden, in seiner konkreten historischen Dimension ausgeblendet, die Erinnerung umso radikaler abgewehrt und die deutsche Täterschaft universalisiert und damit geleugnet würde. Damit würden aber die Juden nicht mehr im Mittelpunkt der Erinnerung stehen, weil sie durch ahistorische und im Kern geschichtsrevisionistische Vergleiche nun überall auf der Welt die Gefahr sehen, Auschwitz könne sich wiederholen.[244]

Wenigstens hier wird klar, was Salzborn will: die These von der Einzigartigkeit des Holocaust retten.

Literatur

Achcar, Gilbert: Die Araber und der Holocaust. Der arabisch-israelische Krieg der Geschichtsschreibungen, Hamburg 2012

Amar-Dahl, Tamar: Das zionistische Israel. Jüdischer Nationalismus und die Geschichte des Nahostkonflikts, Paderborn 2012

Asseburg, Muriel: Palästina und die Palästinenser. Eine Geschichte von der Nakba bis zur Gegenwart, München 2021

Baumgarten, Helga: Kein Frieden für Palästina. Der lange Krieg gegen Gaza. Besatzung und Widerstand, Wien 2021

Bauriedl, Thea: Das Leben riskieren. Psychoanalytische Perspektiven des politischen Widerstandes, München/Zürich 1988

Dieselbe: Die Wiederkehr des Verdrängten. Psychoanalyse, Politik und der Einzelne, München/Zürich 1986

Beit-Hallahmi, Benjamin: Schmutzige Allianzen. Die geheimen Geschäfte Israels, München 1989

Ders.: Original sins. Reflections on the History of Zionism and Israel, London 1992

Benz, Wolfgang: Was ist Antisemitismus? München 2004

Ders.: Der Holocaust, München 2008

Brumlik, Micha: Postkolonialer Antisemitismus? Achille Mbembe, die palästinensische BDS-Bewegung und andere Aufreger, Hamburg 2021

Bunzl John: Der lange Arm der Erinnerung, Wien 1987

Burg, Avraham: Hitler besiegen. Warum Israel sich endlich vom Holocaust lösen muss, Frankfurt/Main – New York 2009

Butler, Judith: Am Scheideweg. Judentum und Kritik am Zionismus, Frankfurt/Main 2013

Chaumont, Jean-Michel: Die Konkurrenz der Opfer. Genozid, Identität und Anerkennung, Lüneburg 2001

Finkelstein, Norman G.: Antisemitismus als politische Waffe. Israel, Amerika und der Missbrauch der Geschichte, München/Zürich 2005

Ders.: Die Holocaust-Industrie. Wie das Leben der Juden ausgebeutet wird, München/Zürich 2001

Halper, Jeff: Ein Israeli in Palästina. Israel vom Kolonialismus erlösen, Berlin 2010

Hilberg, Raul: Die Vernichtung der europäischen Juden, Frankfurt/Main 1991

Illouz, Eva: Israel, Berlin 2015

Jäckel, Eberhard: Umgang mit Vergangenheit. Beiträge zur Geschichte, Stuttgart 1989

Kimmerling, Baruch: Politizid. Ariel Sharons Krieg gegen das palästinensische Volk, Kreuzlingen/München 2003

König, Helmut: Die Zukunft der Vergangenheit. Der Nationalsozialismus im politischen Bewusstsein der Bundesrepublik, Frankfurt/Main 2003

Maoz, Zeev: Defending the Holy Land. A Critical Analysis of Israels Security & Foreign Policy, The University of Michigan Press 2009

Meier, Hajo G.: Judentum, Zionismus, Antizionismus und Antisemitismus. Versuch einer Begriffsbestimmung, Berlin 2009
Mosse, George L.: Die Geschichte des Rassismus in Europa, Frankfurt/Main 1990
Neiman, Susan: Von den Deutschen lernen. Wie Gesellschaften mit dem Bösen in ihrer Geschichte umgehen können, Berlin 2020
Novick, Peter: Nach dem Holocaust. Der Umgang mit dem Massenmord, München 2001
Paech, Norman: Menschenrechte. Geschichte und Gegenwart – Anspruch und Realität, Köln 2019
Pappe, Ilan: Was ist los mit Israel? Mythen des Zionismus, Hamburg 2015
Ders.: Die ethnische Säuberung Palästinas, Frankfurt/Main 2007
Rabinovici, Doron/Speck, Ulrich/Sznaider, Natan (Hg.): Neuer Antisemitismus. Eine globale Debatte, Frankfurt/Main 2004
Rothberg, Michael: Multidirektionale Erinnerung. Holocaustgedenken im Zeitalter der Dekolonisierung, Bonn 2021
Salzborn, Samuel: Kollektive Unschuld. Die Abwehr der Shoa im deutschen Erinnern, Berlin – Leipzig 2020
Sand, Shlomo: Die Erfindung des jüdischen Volkes. Israels Gründungsmythos auf dem Prüfstand, Berlin 2010
Ders.: Warum ich aufhöre, Jude zu sein. Ein israelischer Standpunkt, Berlin 2013
Segev, Tom: David Ben Gurion: Ein Staat um jeden Preis, München 2018
Ders.: Die siebte Million. Die Israelis und der Holocaust, Reinbek 1995
Wetzel, Dietrich (Hg.): Die Verlängerung der Geschichte. Deutsche Juden und der Palästinakonflikt, Frankfurt/Main 1983
Wild, Petra: Apartheid und ethnische Säuberung in Palästina. Der zionistische Siedlerkolonialismus in Wort und Tat, Wien 2013
Zertal, Idith: Nation und Tod. Der Holocaust in der israelischen Öffentlichkeit, Göttingen 2011
Zimmerer, Jürgen: Von Windhuk nach Auschwitz? Beiträge zum Verhältnis von Kolonialismus und Holocaust, Berlin 2011
Zuckermann, Moshe: Der allgegenwärtige Antisemit oder die Angst der Deutschen vor der Vergangenheit, Frankfurt/Main 2018
ders.: Freud und das Politische. Psychoanalyse, Emanzipation und Israel, Wien 2016
ders.: Zweierlei Holocaust. Der Holocaust in den politischen Kulturen Israels und Deutschlands, Göttingen 2004
ders.: Sechzig Jahre Israel. Die Genesis einer politischen Krise des Zionismus, Bonn 2009
ders.: Israels Schicksal. Wie der Zionismus seinen Untergang betreibt, Wien 2014
ders.: Wider den Zeitgeist. Aufsätze und Gespräche über Juden, Deutsche, den Nahostkonflikt und Antisemitismus, Bd. 1, Hamburg 2012

Aufsätze

Bauer Yehuda: »Einen Schlussstrich ziehen, geht einfach nicht.« (Reaktion auf Ausführungen von A. Dirk Moses), *Berliner Zeitung* 8.10.2021

BIP-Aktuell #198: Ampel-Koalition und Israel/Palästina. Die neue Koalition gibt sich bewusst proisraelisch, 5.12.2021

Blatman, Daniel: Vielleicht existiert, wenn es um Antisemitismus geht, kein anderes Deutschland, *Palästina Portal* 3.7.2019

Ders.: Es ist kein Antisemitismus, sondern Hysterie, Das Palästina-Projekt, 2.7.2015

Brumlik, Micha: Auschwitz als koloniales Verbrechen? Zur Debatte um A. Dirk Moses, *Blätter für deutsche und internationale Politik*, Nr. 8, August 2021

Ders.: Unter BDS-Verdacht. Der neue McCarthyismus, *Blätter* Nr. 8, 2019

Bückert, Michael: Ja, die IHRA-Definition von Antisemitismus zielt darauf ab, politische Äußerungen zu zensieren, 31,12.2020

Burg, Avraham/Karavan, Dani: Deutschland düpiert den Kampf gegen Antisemitismus, Haaretz 17.06.2019

Butler, Judith: Der Antisemitismus-Vorwurf. Juden, Israel und die Risiken der öffentlichen Kritik, in: Rabinovici/Doron (Hg.): Neuer Antisemitismus? Frankfurt/Main 2004

Confino, Alon/Goldberg, Amos/Segal, Raz: Israelische Historiker: Kontextualisierung ist noch kein Schlussstrich. Yehuda Bauer forderte jüngst, die Erinnerung an den Holocaust nicht mit dem Kolonialismus zu vermischen, *Berliner Zeitung* 30.10.2021

Cook, Jonathan: Wie die IHRA-Antisemitismusdefinition zu einem Pro-Israel-Knüppel wurde, 27.04.2021

Diner, Dan: Israel und das Trauma der Massenvernichtung, in: Wetzel (Hg.), Frankfurt/Main 1983

Kempf, Wilhelm: Antisemitismus und Israelkritik. Mythos und Wirklichkeit eines spannungsreichen Verhältnisses, in: *Wissenschaft und Frieden*, Nr. 3, 2013

Lenner, Eckhard: Das ideale Wunschbild von Israel dient der Entlastung der deutschen Seele, München o.J.

Levy, Gideon: Gehen Sie nach Gaza und schreien Sie »Nie wieder!«, *Haaretz* 23.01.2020

Ders.: Schande über Dich, Deutschland und Deinen Anti-BDS-Beschluss! *Haaretz* 21.05.2019

Mbembe, Achille: »Gigantische Diffamierungskampagne«, Johannesburg 8.05.2020

Ders.: Die Welt reparieren, *Die Zeit* Nr. 18, 2020, 23.04.2020

Melzer, Abi: Israelbezogener Antisemitismus, *Der Semit* 14.01.2022

Moses, A. Dirk: Wir haben keinen neuen Historikerstreit, sondern einen neuen Illiberalismus, *Berliner Zeitung* 7.08.2021

Ders.: Holocaust. Gedenkt endlich auch der Opfer kolonialer Gräueltaten, *Zeit. online* 14.07.2021

Ders.: Der Katechismus der Deutschen, Geschichte der Gegenwart 23.05.2021

Paech, Norman: Israel, Demokratie, Apartheid und BDS – einige Anmerkungen zur Antisemitismus Debatte, Nahost-Forum Bremen, 1.7.2019

Ders.: Deutsche Israelpolitik als verfehlte Vergangenheitsbewältigung, *Telepolis* 26.06.2021

Rothberg, Michael: Achille Mbembe, wohl Afrikas prominentester Historiker und Philosoph, wird des Antisemitismus beschuldigt. Die anschließende Debatte wirft grundlegende Fragen zu Erinnerungskultur und zur Meinungsfreiheit auf, Goethe-Institut e. V., Online-Redaktion Mai 2020

Ders.: Erinnerung ist kein Nullsummenspiel, *DLF Kultur* 8.08.2021

Ders.: Wir brauchen neue Wege, um über Erinnerung nachzudenken, Interview Elisabeth von Thadden, *Zeit.online* 27.03.2021

Schmid, Thomas: Der Holocaust war singulär. Das bestreiten inzwischen nicht nur Rechtsradikale, *Die Welt* 26.02.2021

Ders.: Der Holocaust war kein Kolonialverbrechen. Aktivismus und Wissenschaft gehören nicht zusammen. Eine Erwiderung auf Michael Rothberg und Jürgen Zimmerer, *Zeit.online* 7.04.2021

Tugendhat, Ernst: Golfkrieg, Deutschland und Israel. Warum der Krieg ungerecht ist und warum die Deutschen nicht gut daran tun, den Argumenten Israels blindlings zu folgen, *Die Zeit* Nr. 9, 22.02.1991

Ullrich, Peter: Gutachten zur »Arbeitsdefinition Antisemitismus« der Internationalen Holocaust Remembrance Alliance, (IHRA), Papers 2/2019, hg. Von der Rosa-Luxemburg-Stiftung

Vietta, Silvio: Die falsche Singularitätsthese. Neben dem deutschen gibt es auch noch einen europäischen Holocaust, wie die Kolonialgeschichte zeigt. Anmerkungen zur laufenden Debatte, *Wiener Zeitung* 31.07.2021

Weber Thomas: »Israel, die Juden und wir«: Ein Artikel von Achille Mbembe aus dem Jahr 1992 belegt, dass die Auseinandersetzung mit Israel der Ausgangspunkt seiner ganzen Theorie ist, *FAZ* 9.05.2020

Zimmerer, Jürgen: Nationalsozialismus postkolonial. Plädoyer zur Globalisierung der deutschen Gewaltgeschichte, *Zeitschrift für Geschichtswissenschaft* Heft 6, 57. Jahrgang 2009

Ders. mit Michael Rothberg: Enttabuisiert den Vergleich! *Die Zeit* 14/2021

Zuckermann, Moshe: Israel – Deutschland – Palästina, in: Israel & Palästina. *Zeitschrift für Dialog*, Berlin 2020

Anmerkungen

1 Lernen aus der Geschichte, 1.12.2019.
2 Moses: Katechismus der Deutschen, 2021.
3 Tugendhat: Der Golfkrieg, Deutschland und Israel, *Die Zeit* 22.02.1991.
4 Segev, Tom 2018, S. 373.
5 Ebd. Segev 1995, S. 104.
6 Ebd. S. 103.
7 Ebd. S. 145.
8 Ebd. S. 108.
9 Ebd.
10 Ebd. S. 114.
11 Ben Gurion auf der Sitzung des ZK der MAPAI am 28.04.1943, AAP 23/43; zit. n. Segev, S. 116.
12 Ben Gurion vor dem ZK der MAPAI am 7.12.1938, AAP 23,38; zit. n. Ebd. S. 43.
13 zit. n. Gelber: Ein neues Heimatland, S. 131; zit. n. Segev S. 43.
14 Shabtei, Teveth: Ben Gurion: The Burning Ground, 1886–1948, Boston 1987, S. 580.
15 Ebd. S. 137.
16 Ebd. S. 142.
17 Ebd. S. 145.
18 Ebd. S. 144.
19 Ebd. S. 134.
20 Bunzl 1987, S. 65f.
21 Interview in *Lamerhav* 25.04.1968; zit. n. Segev S. 612.
22 Shabtai a. a. O. S. 850, zit. n. Novick S. 106.
23 Zit.n. Segev S. 614.
24 Benz 1991, S. 17.
25 Hilberg 1991, Bd. 3, S. 1226, 1299.
26 Zertal S. 86.
27 Levi: Die Untergegangenen und die Gerechten (Anm. 3) 7–8; zit. n. Zertal S. 92.
28 Ebd., zit. n. Zertal S. 94.
29 Zertal S. 97.
30 Ben Gurion an Nathan Rotenstreich, 9.1.1957, in: *Chazut* 33 (1957); zit. n. Zertal, S. 97.
31 Zertal S. 97.
32 Ebd. S. 98.
33 Novick S. 197
34 Segev ebd. S. 668.
35 Zit.n. Segev ebd. S. 164.
36 Gelblum, Arieh: Grundlegende Probleme der Eingliederung von Immigranten,« *Haaretz*, 28.9.1945, S. 3; zit. n. Segev S. 164.
37 Ebd. S. 187.
38 Ebd.
39 Zit. n. Segev S. 240.
40 Ebd. S. 236f.
41 Eshkol, Levi an EJA, 19.6.1949, ZZA; zit. n. Segev S. 237.
42 Zuckermann 2014, S. 59f.
43 Zit. n. Zuckermann 2010, S. 17f.
44 Ebd. S. 118.
45 Zertal S. 92.
46 Segev 1995, S. 350f.
47 Zit.n. Segev 1995, S. 378.
48 Segev Ebd. S. 432.
49 Ebd.

50 Ebd. S. 434.
51 Ebd. S. 435.
52 Zertal S. 157.
53 Zuckermann 2014, S. 58.
54 Zertal Ebd. S. 11.
55 Ebd.
56 Tamar-Dahl 2012, S. 113f.
57 Ben Gurion vor dem ZK der MAPAI 13.12.1951, zit. n. Zertal S. 268.
58 Ebd. S. 191.
59 Zertal S. 192.
60 Vorwort zu Zertal, S. XV.
61 Illouz, Israel, S. 167.
62 Zertal S. 17.
63 Ebd. S. 11.
64 Zuckermann 2014, S. 60.
65 Ebd. S. 54.
66 Zuckermann 2004, S. 22.
67 Ebd. S. 13.
68 Zuckermann 2014, S. 70.
69 Ders. 2004, S. 177.
70 Ders. 2014, S. 137.
71 Ders. 2004, S. 35.
72 Ders. 2018, S. 61.
73 Diner 1983, in: Wetzel, S. 62f.
74 Ebd. S. 39.
75 Bauriedl 1988, S. 208.
76 Diner ebd. S. 37.
77 Ebd. S. 39.
78 Finkelstein 2001, S. 23f.
79 *Haaretz* 2.3.1988.
80 Butler 2013, S. 235f.
81 Burg S. 34.
82 Ebd. S. 39.
83 Ebd. S. 239.
84 Zuckermann 2004, S. 76.
85 Bauriedl 1988, S. 188,206,208.
86 Beit-Hallahmi 1988, S. 282.
87 Ebd. S. 282.
88 Novick ebd. S. 22.
89 Novick ebd. S. 206.
90 Finkelstein 2001, S. 49f.
91 Ebd. S. 50f, 153.
92 Ebd. S. 51, 53.
93 Ebd. S. 56.
94 Schorsch, Ismar: The Holocaust and the Jewish Survival, in: Midstream, Januar 1981, 39; zit. n. Finkelstein ebd. S. 56.
95 Baldwin, Peter (Hg.): Reworking the Past, Boston 1990, 21; zit. n. Finkelstein ebd., S. 56.
96 Ebd. S. 83.
97 Zuckermann 2004, S. 174.
98 Ebd. S. 111f.
99 Ebd. S. 100, 104.
100 Burg S. 177.
101 Ebd. S. 177.
102 Ebd. S. 198.

103 Burg 2009, S. 267.f.
104 ebd. S. 200, 240f.
105 Sand 2013, S. 91f.
106 Ebd. S. 96.
107 Ebd.S. 99.
108 Ebd. S. 100f.
109 Chaumont S. 25.
110 Segev 1995, S. 248.
111 Ebd.
112 Le Monde, Nr. 142, April-Juni 1991; zit. n. Chaumont S. 34.
113 Reflexions d'un temoin, Annales ESC, Nr. 3 Mai-Juni 1993; zit. n. Chaumont S. 50.
114 Chaumont S. 89.
115 Zit.n. Chaumont S. 97.
116 Ebd. S. 98.
117 Ebd. S. 100.
118 Zit.n.ebd. S. 113.
119 Ebd. S. 113.
120 Zit.n. Novick S. 253.
121 Novick S. 250f, 281.
122 Ebd. S. 258.
123 Schmid, Thomas: Der Holocaust war singulär, *Die Zeit* 26.02.2021.
124 Chaumont S. 187.
125 Ebd. S. 177.
126 Ebd. S. 186.
127 Vietta, Silvio: Die falsche Singularitätsthese, 31.07.2021.
128 Chaumont S. 150.
129 Wiesel, Elie: Trivializing the Holocaust, *New York Times* 16.04.1978, Teil 2, S. 1; zit. n. Novick S. 272.
130 Chaumont S. 145.
131 Schorsch, Ismar: The Holocaust and the Jewish Survival, S. 40; zit. n. Chaumont S. 117.
132 Jäckel: Die elende Praxis der Untersteller, S. 119; zit. n. Chaumont S. 126.
133 Schmid, Thomas in: *Die Zeit* 26.02.2021.
134 Confino, Alon/Goldberg, Amos/Segal, Raz: *Berliner Zeitung* 30.10.2021.
135 Rothberg, Michael 2021, S. 7ff; Rothberg *DLF Kultur* 8.8.2021; *Zeit-online* 27.03.2021; Goethe-Institut Online-Redaktion Mai 2020; Artikel mit Jürgen Zimmerer, in: DIE ZEIT 14/2021.
136 Zimmerer, Jürgen: Nationalsozialismus postkolonial. *Zeitschrift für Geschichtswissenschaft*, Heft 6, 2009, S. 533ff.
137 Zimmerer 2009, S. 533f.
138 Hitler: Monologe im Führerhauptquartier, Hg. Werner Jochmann, Hamburg 1980, S. 60f; zit. n. Zimmerer 2009, S. 542.
139 Zimmerer, Jürgen/Rothberg, Michael: Enttabuisiert den Vergleich, *Die Zeit* Nr. 14, 30.03.2021.
140 Zimmerer 2009, S. 532.
141 Schmid, Thomas, *Die Welt* 26.02.2021.
142 Ebd.
143 Confino, Alon/Goldberg, Amos/Segal, Raz a.a.O.
144 Ebd.
145 Schmid, *Die Welt* 26.02.2021.
146 Wiesel: Chaumont S. 94ff.
147 Ebd.
148 Moses, *Berliner Zeitung* 7.08.2021.
149 Ebd.
150 Ebd.
151 Wild, Petra 2013, S. 9.
152 Zimmerer, Berlin 2011, S. 63.
153 Pappe: Die ethnische Säuberung Palästinas, S. 94.

154 Pappe: Genocide in Gaza, Electronic Intifada, 2. 09. 2006.
155 Zit.n. Wild ebd. S. 202.
156 Mbembe: Die Welt reparieren, *Die Zeit* Nr. 18, 23. 04. 2020.
157 Mbembe ebd.
158 Weber, Thomas zu dem Artikel: »Israel, die Juden und wir« von Achille Mbembe, *FAZ* 10.05,2020
159 Ebd.
160 Beit-Hallahmi 1989, S. 280.
161 Ebd. S. 289.
162 Mbembe: Necropolitics, Durham 2019; zit. n. Brumlik 2021, S. 50.
163 Mbembe, *Die Zeit* ebd.
164 Zuckermann 2014, S. 137,194.
165 Beit-Hallahmi 1989, S. 9f.
166 Novick 2001, S. 223.
167 Ebd. S. 345.
168 Zuckermann 2012, S. 180.
169 Burg ebd. S. 63.
170 Ebd. S. 201f.
171 *Haaretz* 2. 3. 1988.
172 *Tagesspiegel* (Berlin), 22. 04. 2010.
173 Interview mit der *Die Welt,* 27. 01. 2020.
174 Rede Merkel 18. 03. 2008 vor der Knesset.
175 Auszug Koalitionsvertrag 11/2021.
176 Schubert, Klaus/Klein, Martina: Das Politlexikon. 7. aktual. u. erweiterte Auflage, Bonn 2020.
177 Dahl, Tamar-Amar 2012, S. 176.
178 Ebd. S. 228.
179 Beit-Hallahmi 1989, S. 285.
180 Maoz, Zeev: Defending the Holy Land, University of Michigan 2008.
181 Kimmerling, Baruch 2003, S. 7f.
182 Kimmerling: Militarismus in der israelischen Gesellschaft, in: *Theorie und Kritik* 4, Jerusalem, S. 123f.; zit. n. Dahl 2012, S. 123.
183 Zuckermann Hamburg 2012, S. 69.
184 Interview mit Günter Gaus, zit. n. Paech 26. 07. 2021, S. 3.
185 Zuckermann ebd. S. 68.
186 Brumlik 2021, S. 75.
187 Ebd. S. 84.
188 Brumlik: Auschwitz als koloniales Verbrechen? *Blätter für deutsche und internationale Politik*, August 2021.
189 Benz 2004, S. 83ff.
190 Zuckermann: Israel – Deutschland – Palästina, 2020, S. 56.
191 Judt in: Rabinovici, Doron (Hg.) 2004, S. 49.
192 Blatman, Daniel: Vielleicht existiert, wenn es um Antisemitismus geht, kein anderes Deutschland? Palästina-Portal 3. 07. 2019.
193 Zuckermann 2013, S. 43.
194 Ders.: 2004, S. 25.
195 *Frankfurter Rundschau* 7. 02. 2022.
196 Internationale Konvention über die Bekämpfung und Bestrafung der Apartheid von 1973.
197 Artikel 7 des Römischen Statuts des Internationalen Strafgerichtshofes von 1998.
198 Rede Steinmeier in Yad Vashem, 23. 1. 2020.
199 Levy *Haaretz*, 23. 1. 2020.
200 Adorno: Erziehung nach Auschwitz, Frankfurt/Main 1971.
201 Moses, A. Dirk: *Berliner Zeitung* 7. 08. 2021.
202 Brumlik, *Blätter für deutsche und internationale Politik* Nr. 8/2019.
203 Wikipedia

204 Butler, Judith: Der Antisemitismus-Vorwurf. Juden, Israel und die Risiken der öffentlichen Kritik, in: Rabinovici/, Doron (Hg.): Neuer Antisemitismus, Frankfurt/Main 2004, S. 87.

205 Zuckermann 2010, S. 104.

206 BIP 118 zu BDS, 9. 05. 2020.

207 Euromedmonitor.org 21. 12. 21: Die antiarabische Kampagne in deutschen Medien ist höchst besorgniserregend.

208 Aufruf an deutsche Parteien, den BDS nicht mit Antisemitismus gleichzusetzen, Mai 2019.

209 Levy, Gideon, *Haaretz* 19. 05. 2019.

210 Burg, Avraham/Karavan, Dani, Haaretz 17. 06. 2019.

211 Shlaim, Avi: Jadaliiya, 23. 10. 2017.

212 *Zeit.online* 4. 06. 2019.

213 Paech, Norman, Nahost-Forum Bremen, 1. 07. 2019.

214 *Spiegel.online* 25. 10. 2019.

215 Urteil 16. 06. 2020.

216 BVerwG 8C 35,20 – Urteil vom 20. Januar 2022.

217 IHRA-Definition Antisemitismus, Bukarest 16. 05. 2016.

218 Cook, Jonathan: Wie die IHRA-Antisemitismus-Definition zu einem Pro-Israel-Knüppel wurde, 27. 04. 2021

219 Ebd.

220 Zit.n. ebd.

221 Dezember 2019, Wikipedia.

222 Ulrich, Peter: Gutachten Rosa Luxemburg-Stiftung 2019.

223 Blatman 3. 07. 2019.

224 *Spiegel.online* 12. 07. 2019.

225 Tugendhat: Der Golfkrieg, Deutschland und Israel, *Die Zeit* 22. 02. 1991

226 Salzborn 2020, S. 44, 103ff.

227 Ebd. S. 16.

228 Ebd. S. 21.

229 Ebd. S. 44.

230 Broder, Henryk 1986, Herv. im Orig; zit. n. ebd S. 67.

231 Ebd. S. 68.

232 Ebd. S. 22.

233 Ebd. S. 15.

234 Ebd. S. 19.

235 Ebd. S. 24.

236 Jäckel 1989, S. 94

237 Zuckermann 2018, S. 195.

238 Ebd. S. 81.

239 Kempf-Studie 2013.

240 Ebd.

241 Ebd.

242 Salzborn S. 82.

243 Ebd. S. 108.

244 Ebd.

Helga Baumgarten

Kein Frieden für Palästina

Der lange Krieg gegen Gaza. Besatzung und Widerstand

ISBN 978-3-85371-496-6, br., 192 Seiten, 19,90 €
E-Book: ISBN 978-3-85371-895-7, 15,99 Euro

Eyal Sivan/Armelle Laborie

Legitimer Protest

Plädoyer für einen kulturellen und akademischen Boykott Israels

ISBN 978-3-85371-436-2, br., 184 Seiten, 17,90 €
E-Book: ISBN 978-3-85371-862-9, 14,99 Euro

Moshe Zuckermann

»Antisemit!«

Ein Vorwurf als Herrschaftsinstrument

ISBN 978-3-85371-318-1, br., 208 Seiten, 15,90 €
E-Book: ISBN 978-3-85371-820-9, 12,99 Euro

Moshe Zuckermann

Israels Schicksal

Wie der Zionismus seinen Untergang betreibt

ISBN 978-3-85371-375-4, br., 208 Seiten, 17,90 €
E-Book: ISBN 978-3-85371-823-0, 14,99 Euro

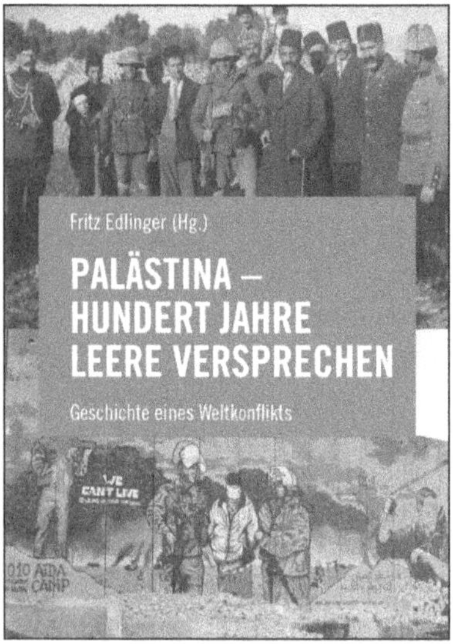

Fritz Edlinger (Hg.)

Palästina – Hundert Jahre leere Versprechen

Geschichte eines Weltkonflikts

ISBN 978-3-85371-427-0, br., 208 Seiten, 19,90 €
E-Book: ISBN 978-3-85371-857-5, 15,99 Euro

Fritz Edlinger (Hg.)

Mit Spraydose und Pinsel gegen die Besatzung

Graffiti in Palästina

ISBN 978-3-85371-395-2, br., Bilder, 224 Seiten, 24,00 €